TSUDA Masao
津田正夫

百姓・町人・芸人の明治革命

自由民権150年

現　代　書　館

まえがき

信長が天下統一の拠点とした岐阜城や関ケ原のある美濃地方は、壬申《じんしん》の乱、承久《じょうきゅう》の乱なども含めて東西日本の交流と衝突の交差点だった。あるときわが家に滞在したアメリカの留学生が、日本の中世史に興味があるというので、岐阜城へ案内した。天守閣の狭く急な階段を上っていくと、信長が鉄砲で武田軍を圧倒した「長篠の戦」の絵図に出会った。その絵の前で彼は、「これこそ自分が見たかった有名な絵です。西洋のテクノロジー（鉄砲）が、東洋のテクノロジー（槍と刀）に勝った歴史的な瞬間なのです」と興奮した。「しかしテクノロジーで東洋を打ち負かしたのに、西洋のスピリットであるキリスト教が日本では追い詰められて滅亡したのはなぜか、というのが自分の研究テーマです」「現在の日本も、東西世界の経済的・軍事的・文化的接点にあるというポジションをどう考えてますか？」と彼に問われたことが、深く印象に残っている。日本が東西世界の接点にあるという事実に、僕は無自覚だった。彼は僕が出会った黒船だった。

十九世紀半ば、欧米のグローバルな交易圏や植民地再編の動きに囲まれる中で、日本は明治維新という乾坤一擲の近代革命を成しとげ、国際社会に参加した。しかし新政府が薩長や一部公卿による独裁政治「有司専制《ゆうしせんせい》」に陥っているとして、板垣退助・後藤象二郎・江藤新平・副島種臣《そえじまたねおみ》らは、欧米列強なみの立憲国家を創ろうと、初めての政治結社「愛国公党（後の自由党）」を作り、国民の公論と政治参加による憲法と国会を設けるよう「民撰議院設立建白書」を提出した（明治七年・一八七四年）。今からほぼ百五十年前のことで、これがその後、日本全国に広がる自由民権運動のスタートになった。

「自由民権（運動）」という言葉には、どこかわくわくする語感がある。今どきの政治家がいう「自由市場、民主主義という価値観を共有する」という功利的な〝自由〟とは意味が違う。何としても鎌倉時代以来の身分制社会を倒し、新しい時代を拓こうとする当時の若者たちの切迫した意気込みがある。自由民権運動期は人の成長に例えるなら、空想的な希望も含めて〝理想に燃えた近代の青春時代〟だったのだろう。僕は新時代を動かした若者たちのめざした社会、自由民権運動の実像を知りたいと常々思ってきた。

単なる近代史への興味ということではない。現実の日本では、この十年ほどの間に政府は次第に民意や国会を軽視し、各種の社会統計や記録を破棄・ねつ造・隠ぺいすることを繰り返してきた。憲法解釈を強引に変えて集団的自衛権による戦争参加を〝合法的〟にできるようにし、専守防衛や原発の縮小などの国是を、公式な議論も経ないで変質させていく。近代社会の基礎である「合理主義・知性主義」「公議・公論による民主主義」が揺らぎ、国民主権は崩壊寸前である。

生活現場でも、非正規労働やブラック企業、ワーキングプアが常態化し、保育所や学校での暴力が蔓延している。居場所や隣人がないことで無差別に人を襲うことさえ頻繁になってきた。親の所得が子どもや孫の運命を決める。それはもはや〝格差社会〟というより「新しい身分制・階級制」ではないか？　公論・熟議を経ることなく、王の顔色を窺って政策決定をするのは「新しい中世」ではないのか？

半ば〝与えられた民主主義〟である「戦後民主主義」の検証にとどまらず、明治の立憲国家を創ろうとした人たちの意識や行動を知りたいと思ったのが、この小論のきっかけだ。維新～明治史を正面からたどる素養がないので、まず身近な美濃・尾張の自由民権運動の実情を知ろうとした。第二に、富国強兵・足尾鉱毒事件に翻弄され続けた僕自身の家族史に重ねて、百姓・庶民の実相を知りたかった。そして民権運動史にはほとんど登場しない女性たちの生きた水脈を、各《か》務原《かみがはら》市に菩提寺のある女優・貞奴の眼差しからたぐってみた。言いかえれば明治の庶民が近代を経験していく日々の、身の丈サイズの一つの自由民権像を追ったつもりだ。

「合理主義・知性主義」「公議・公論による民主主義」が崩壊の危機にある、という事態は日本にとどまらない。ウクライナ戦争や米中対立の深刻化、切迫する地球環境問題から考えても、時代は明らかに転換点にある。改めて、日本人にとって民主主義とは何だろうか。私たちはどんな社会・国家・アジアを創ろうとしているのか。

自由民権運動からの百五十年を振り返り、これからの百五十年、未来社会を考える一助になれば幸いである。

〈目次〉

まえがき　3
一、板垣死すとも自由は死せず・余聞——暴発前夜の自由民権運動　7
二、自由言論のビッグバン——演説と新聞が拓いた文明開化　37
三、王政復古という蜃気楼を追って——旗本・坪内高国の生涯　66
四、百姓たちの民権一揆——素顔の美濃加茂事件　93
五、権利幸福きらひな人に自由湯をば飲ましたい——オッペケペーと近代演劇の成立　115

六、とかく世間のさげすみを受けて口惜しき身なりしを——女優・川上貞奴のたたかい　149
七、わが村を滅ぼした足尾鉱毒事件——殖産興業・富国強兵への道　183
八、専制国家と天皇を受け容れた日本人——文明開化・近代国家の代償　210
主な参考文献　241
あとがき　243

凡例

※随所に出てくる素性不明な「masa」は僕自身であり、「aibo」はわが「相棒」すなわち分身である。単なるアバターではない。かつて勤務した京都の大学の小汚い研究室や近所のカフェで、学生や後輩たちコーヒーを飲みながら、新しいメディアの在り方や社会の改革を談論風発していたころ、僕の説くキレイゴトに対して、遠慮会釈なく猛烈なツッコミを入れてくれた後輩たちとの対話をイメージしている。就職氷河期を必死に生きていたaiboたち、今は元気か？　というエールでもある。

※読みにくいと思われる漢字は原作にない場合でもルビを振り、常用漢字に直したものもある。

一、板垣死すとも自由は死せず・余聞
――暴発前夜の自由民権運動

土佐の板垣退助像が岐阜公園に

数百年にわたる中世の動乱を統一した織田信長。その拠点となった岐阜城は、岐阜市の中心を横切って流れる長良川に面した金華山から濃尾平野を見下ろしている。城の直下に広がる岐阜公園には、近年、信長の居館や庭園などが次第に発掘・復元されている。NHK大河ドラマ『どうする家康』『麒麟がくる』など頻繁な戦国ドラマにあやかって、観光シーズンには岐阜駅からの無料シャトルバスも走っている。

豊かな緑に包まれたこの公園の山際に、倒幕の司令官として華々しい功績をあげた〝維新の元勲〟板垣退助（天保八年～大正八年・一八三七年～一九一九年）の銅像がひっそりと立っている。板垣は、土佐・薩摩の「討幕の密約」を結び、戊辰戦争の指揮官として幕府を倒しただけでなく、その後の自由民権運動を率いて憲法制定、国会開設への道を開いた。

板垣像前の板垣退助（大正７年）

この公園で暗殺されかけて「板垣死すとも自由は死せず」の名台詞を残したという伝説とともに生きてきた板垣の銅像だが、信長の勇壮な騎馬像とは対照的に、今は知る人もほとんどなくて孤独な影が漂っている。

明治新政府の伊藤博文・松方正義・大隈重信内閣で内務大臣を務めた板垣の銅像が、遭難の地であるここに最初に作られたのは、まだ存命中の大正七年（一九一八年）だった。本人夫妻も臨席して盛大な除幕式が行われた。最初の像は、戦時中の金属回収であえなく砲弾にされてしまったが、一九五〇年に自由党関係者や親族らによって再建された。

撰文したのは、負傷した板垣を助けた縁で医者から自由党に入った後藤新平。「金を残して死ぬのは下だ、仕事を残して死ぬのは中だ、人を残して死ぬのは上だ」の名言で知られ、板垣の懐刀とでもいうべき政治家で、後の東京市長にもなった。そして再建のときに筆を揮ったのは、時の宰相・吉田茂だ。

先生夙唱自由説　民権民主済時難

算来明治功臣富　将相全才誰有知
題板垣先生像　後進　吉田茂　謹書

なぜ吉田茂か。吉田は再建当時の首相で民主自由党総裁だったせいもあるが、板垣が襲われたときに随行していた旧土佐藩士・竹内綱（後の衆議院議員）が吉田茂の父、という縁である。ついでながら、かの大久保利通は吉田茂の義理の祖父、いつもふんぞり返っている麻生太郎は吉田茂の孫である。この銅像の前では、何と奇特なことに二十年以上にわたって、土佐に本部を持つ「板垣会」や板垣家ゆかりの人たち、岐阜板垣会などによって「板垣先生感謝祭」が催されてきているのだという。

それにしても、そもそも土佐の人である板垣退助の像が、なぜ岐阜にあるのだろうか？　板垣はなぜここで襲われたのか？　この襲撃事件がなぜ数多くの自由民権激化事件*の発火点になっていったのか？

「イギリス型・立憲君主制」をめざして

明治十四年（一八八一年）に結党したばかりの自由党は、基盤が弱い東日本や中部地方を遊説して、何としても地方組織を広げ、政府や大隈・改進党と対抗する強力なネットワークを作らねばならなかった。十五年三月十日、総裁・板垣退助はじめ竹内綱・宮地茂春・安藝喜代香らの土佐

＊激化事件　平和的な運動によってではなく、武力による政府打倒、立憲制樹立を実現しようとした急進的な自由民権運動。秩父事件や加波山事件など。

派を中心にした〝オルグ団〟の一行は、新橋を出発し、沼津、静岡、浜松、名古屋、中津川などで演説会を開いて回った。『自由黨（以下自由党）史』はこう記す。

板垣と東農の自由党員

世に尊王家多しといえども、吾党自由党のごとき忠臣はあらざるべき。但吾党の尊皇は、彼輩の所謂の尊王とはその趣を異にし、吾党の所謂忠臣は彼党の所謂忠臣とはその趣を同じくせざるなり。吾党は平生尊王の主義をとり、立憲政体の事業に従事するものなり。彼輩が終始尊王主義を誤り専制政体、否な有司専制（注：一部官僚による独裁政治）援助し、立憲政体を妨害せんと欲する者のごときにあらざるなり。彼輩は我皇帝陛下を以て魯帝の危機に陥らしめんと図る者なり。吾党は我皇帝陛下をして英帝の尊栄を保たしめんと欲する者なり。

これは遊説の途上、静岡で『東海暁鐘《ぎょうしょう》新報』主筆・土居光華《こうか》に口述して新聞に発表した『自由党の尊王論』だ。魯帝はロシア皇帝、英帝はイギリス王のこと。皇帝を戴いた「ロシア型国家」を作ろうとする政府に対し、自由党がめざすのは「イギリス型国家・立憲君主制」なのだと強調する、自由党の思想の一端が偲ばれる。

板垣一行が静岡・愛知を経て岐阜県東濃の多治見村へ入ったのは三月三十一日。養正小学校で懇親会を開き、四月一日には岩村（現・恵那市岩村町）に。岩村の自由党員の多数は旧岩村藩士族だったが、各地の士族と同じく没落して苦境にあえいでいた。板垣の来訪に「東濃一円の人々は極度に躍動した。わけても岩村地方の党員百余名は、熱狂して下街道筋を竹折村まで出迎え、外百余名は岩村村外大橋に屯して来着を待ち、党衆は手に手に高張提灯振翳《かざ》し沿道は至るところ硝子燈を輝して警備を厳にする。林・山間僻邑も此日の物々しさは巷人狂馳する大都の光景に異ならなかった」（武藤貞一『板垣伯遭難記』）。

その夜、岩村・滝川座で学術演説会、翌日は盛願寺（現・盛厳寺）で演説会と大懇親会を開いた。地元士族の学校教員三〜四人が前座を務めたようだ。基礎的な教養を持つ学校教員は、開明的な人たちが多く、各地の学校は自由民権運動を担う人たちの孵化器のようでもあった。警察の報告では、岩村の聴衆は二千六百人にもなったという。

「弁士中止、解散！」の自由党遊説

翌三日は中津川だった。〝木曽路はすべて山の中である〟に始まる島崎藤村の『夜明け前』の舞台である。ここは信濃とならんで、平田篤胤の国学思想に傾倒する豪農が多かった。尊王思想の篤い主人公・青山半蔵のモデルは、馬籠宿で本陣・庄屋を続けてきた藤村の父・正樹。跡継ぎ息子・半蔵は、苦しい生活を強いられている貧農・小作農を見て育ち、来るべき維新に強い希望を抱いていた。しかし〝鹿鳴館騒ぎ〟のようにうわべだけ西洋を真似た文明開化に、次第に失望していく。山林の国有化と伐採禁止の政策は、山の民をさらに苦しめていき、これに抗議した半蔵は戸長を解任されてしまう。青山家は世相に適応できず、半蔵は酒におぼれ、閉じ込められた座敷牢で発狂していく……。

新政府の政策に苦しむ人々は、中津川・旭座での演説会に殺到した。「イザ開場となるや雪崩を打って場内に押入る有様、譬ふるに物なく、場内は忽ちにして蟻の入る隙間もなく、聴衆中には板垣の憧従者ばかりではない。反対党の壮士・暴漢も多数に内混り、殊に私服警吏の警戒は物凄き程行渡り、之に備うる味方の壮士団が八方に目を配るなど喧囂《けんごう》の中に凄惨あり」（武藤・同書）。

午後四時からの演説会では、愛知の自由民権家・内藤魯一の演説「因果論」に対して、臨検の警察官が〝集会条例違反〟だとして、「弁士中止、解散！」を命じ、参加者が抗議して大混乱になった。一時解散の後、再び届け出て政治色を薄めた「学術演説会」を深夜十二時まで開いた。同時に別会場で懇親会も開かれたが、警官隊が町の辻々を固め、戒厳令下を思わせるようだった。国学の聖地・中津川さえも、西欧思想の板垣から強い衝撃を受けた。岐阜県御嵩《みたけ》警察署御用掛だった岡本都嶼吉「探偵上申書」によれば、平田門人三七人中三三人が、できたばかりの「濃飛自由党」に雪崩を打って加入したという。自由民権という新しい思想のインパクトの強さが偲ばれる。

自由党への取り締まりを日毎に強めていた政府は、新聞紙条例や讒謗律《ざんぼうりつ》（明治八年・一八七五年）を作って、文字でも演説でも政府批判を禁止していた。しかしこれに逆らう異常な板垣人気に驚いた岐阜県令・小崎利準《としなり》は、警官や戸長を使って演説会や懇親会の発起人に圧力をかけ、参加者の名前を調べさせた。

四日夕方、板垣らは人力車を連ねて、尾張徳川の代官所があった美濃太田（現・美濃加茂市）に入る。しかし警察の妨害が激しくて演説会は中止。祐泉寺で百人あまりの大懇親会だけが開かれた。美濃加茂はこの二年後に激化事件「美濃加茂事件」の舞台になる土地だった。一行は五日、岐阜の旅館・玉井屋へ到着し、翌日午後の演説会に備えた。一挙手一投足に至るまで、官憲の偵察に見張られている中での遊説だった（若井正『板垣岐阜遭難前夜～加茂郡太田懇親会』、『美濃加茂市史』など）。

板垣遭難の図

「将来の賊！」

おりしも花爛漫の四月六日、夕刻六時半ごろ、城下町岐阜の中心にある公園の中教院講堂での演説を終えた板垣退助は、宿へ帰ろうと玄関の階段を降りた。そのとき、建物の陰に潜んでいた小学校教員・相原尚褧《あいはらなおぶみ》が、「将来の賊！」と叫びながら、刃渡り九寸の短刀をかざして板垣に襲いかかった。

竹内流柔術の一派「呑敵流《どんてきりゅう》」の心得があったという板垣は、相原に当て身で対抗した。板垣は数カ所を刺されて血まみれになったが、刃物は組み打ちの間に建物の塀に飛んだ。さすが戊辰戦争の指揮官の武術の技は、十五年経っても健在だった。騒ぎを聞いて集会場から玄関へ駆けつけた愛知の自由民権家・内藤魯一、岐阜の民権家・岩田徳義らが相原を組み敷いた。『自由党史』はこう記す。

> 竹内綱、板垣の右手を見て鮮血の淋漓たるに驚く。板垣曰く「手は關《かま》わぬ。ただ胸を二個所やられた故生命は駄目なり」と。小室信夫傍らにあり、声音に変わりなし、呼吸は如何にと問う。板垣すなわち自ら思へらく、声音に変わりなく、呼吸も亦苦しからず、或いは回生の望なきに非ずと。竹内創《きず》あとを見んと乞い、控鈕《こうちゅう》（ボタン）を脱し、短衣を排し、胸部をけみするに、果たして二創あり。重しと雖《いえど》も意外に深からず。竹内曰く「關《かま》わぬ。關わぬ。」と。是に於いて板垣は自ら生くるの覚悟をなすべしと決し、（中略）宮地茂春（注：土佐の民権家）をして手拭を持ち来りて、右手の首を緊扼せしめ、次に又手拭を捲きて胸間二個所の創面にあて、兵児帯を以て厳しく之を包帯しながら竹内に曰く「予自らは少しも変わらずと思えども足下の見るところの予の顔色は如何」。竹内曰く「すこしも平生と異なる所なし」と。次で板垣は衆を顧みて曰く「誰か吾党を過激といふ、彼却って此の過激のことをなす」と。

衆皆な髪たち、眦《まなじり》裂け、只憤涙を呑むのみ（一部当用漢字に変更）。

岐阜は〝革命前夜〟に

板垣は同志らに支えられて、中教院門前の傘屋に避難した。通報を受けて岐阜警察署から派遣された警察医が診察したらしい。右・左胸に一カ所ずつ、両手に各二カ所、左頬に一カ所、計七カ所の傷を負っていたが、幸い致命傷ではなかった。輿《こし》に乗せられ、五百メートルほど南の宿泊先の旅館・玉井屋に戻った。犯人・相原は、自由党員らにボコボコにされ、警察に連行された。

現場からは〝板垣が殺された〟と、東京の自由党本部に打電され（後に〝負傷〟と訂正）、日本中が大騒ぎになる。東京の自由党本部を守っていた土佐の盟友・後藤象二郎は、総代・谷重喜を岐阜へ向かわせ、大阪自由党からは中島信行ら十数人、高知からは民権運動の重鎮・片岡健吉や植木枝盛、佐賀の民権家・大隈重信の遣いなど自由民権運動の領袖たちが続々と岐阜に入った。全国が騒然となり、〝革命前夜〟のような興奮に包まれたらしい。

こうした不穏な動きを、小崎県令はもちろん各地で自由党と対峙していた政府も極度に警戒し、軍をも待機させた。まるで三百年前の関ケ原を思わせるような雰囲気の『自由党史』は、板垣が監修したものであることを差し引いてもなかなかにリアルだ。

板垣遭難の凶電、四方に伝わるや、党員の岐阜に輻湊《ふくそう》（参集）する者、踵を絶たず。皆な刺客を以て政府もしくは政府党の使嗾《しそう》（そそのかす）する者となし、盛怒下すべからず。或いは云ふ、刺客なお数名あり、所在に潜伏すと。或いは云ふ、政府なお刺客数名を放てりと。当時官権新聞の稱《よびな》ありし岐阜日々新聞記者池田豊志知、刺客の連累として逮捕せられ、県令小崎利準の門に出入りせる弁護士田島鹿之助もまた嫌疑を受け、訛言《かげん》百出人心大いに激昂し、尾濃参（尾張・美濃・三河）三州の有志人民は、寡《すくな》きは一、二百、多きは七、八百、群れを結んで要地に屯し、一令に応じて起つの備えをなし、ことに愛国交親社（注：愛知の自由民権運動結社）その社員三十余名を出し、交番を以て昼夜警衛に任じ、旧加納藩士百余名も亦、山県郡の有志八百名を団結し、非常を戒め、而してこれら変に奔る者、或いは剣を負うあり、或いは鉄鞭を執るあり、或いは棍棒を持つあり、或いは鎖鎌を手にするあり、（中略）また島本仲道（注：土佐藩士）らは、秘かに名古屋城を略取するの策を画し、死士を結束して、将に機を見て放たんとす。政府はこの形勢に戒厳するところあり、密かに要地の陸海軍を警め、出師の備えを忽《ゆるが》せにすることなからしめたりといふ。

masa：やぁ aibo 君、お久しぶり。忙しい中呼び出して悪いんだけど、自由民権運動を検証する企画につきあってもらいたいんだよ。

aibo：自由民権ね。お前が好きそうな言葉やけど、今ごろまた何で〝自由民権〟なの？

masa：う〜ん、説明が難しいんだけど、現代日本の「民主主義」ってのは「平和主義」「基本的人権」と並んで、憲法の三大理念だよな。それが近年はさ、国会の正式な議論もしないで「解釈改憲」したり、「専守防衛」の国是を勝手に変更したり、住民投票を何度も無視して沖縄で新基地を作ったり、はては公文書の破棄・隠蔽・捏造も日常茶飯になってきたよなぁ。〝フェイク民主主義〟が蔓延してきたんや。近代市民社会ってのは、理性と討議による法と秩序、立憲政治やったハズや。日本の民主主義って、自由民権運動と憲法制定からスタートしたと思ってたんやけど、あれは何やったんかと。

aibo：なるほど。当時の「民権」と現在の民主主義の意味はかなり違うけどな。

masa：本質は同じじゃろ。それに「四民平等」で身分がなくなったはずなのに、今でも性別だの親の収入による学歴差やら、非正規雇用等の身分差はますますひどくなっていくよ。若者から見たら中世そのものや。

aibo：それでお前の住んでる岐阜・美濃あたりで自由民権って関係あるのかい？

masa：そこが大事なんだわ。岐阜でも自由民権運動は盛んで、百姓たちが武装蜂起までして闘ったんだけど、地元の民権運動の実態や歴史は知られてないんだ。有名な民権政治家の伝記じゃなくて、自分の根っこを掘り返して知りたいんだよ。

相次ぐ士族たちの反乱

日本中に自由民権運動が誕生するまでを、大雑把におさらいしてみたい。維新後の廃藩置県

（明治四年・一八七一年）や秩禄処分（同九年）などで、旧い身分制度は根本から解体された。士族が食べていける新しい産業や仕事はまだまだ育っていない。商売をしたり金を儲けるなどいう〝賤しい〟仕事を軽蔑してきて、金銭計算や実務にも疎かった士族とその家族は、窮地に陥った。薩長土肥の新政府リーダーたちがふんぞり返り、権力にたかる豪商・豪農から搾り上げられて、士族は右往左往するばかりだった。

例えば、僕の生まれ育った金沢の、幕末・維新前後の武士の苦しい生活事情を、歴史家・磯田道史は出世作『武士の家計簿「加賀藩御算用者」の幕末維新』で活写している。加賀藩の会計係猪山家が遺した豊富な文書を読み解きながら、武士・武家の赤裸々な台所事情、妻の経済的位置や、親戚同士の借金まで生々しく描いて興味が尽きない。たまたま猪山一家の旧家の近くで育った僕は、少年時代に遊んだ近くの神明神社の銀杏の匂いも懐かしく、これを映画化した同名作品（森田芳光監督、二〇一〇年）も面白かった。

かび臭い古文書の世界だった「武家」や「封建制」という旧いシステムが可視化され、身分制にがんじがらめに縛られ、苦しめられる武家の日常や、必死のやりくり、時代に流され没落してゆくありさまがリアルで印象的だ。一方、長い間に作られた武士の意識というものはなかなか変わらない。

「征韓論」で三条実美、岩倉具視、大久保利通らに主導権を奪われた西郷隆盛、江藤新平、板垣退助らは、参議（大臣）を辞して下野する。「明治六年の政変」だ。翌年、板垣・後藤象二郎・

江藤・副島種臣らは、西欧列強に劣らぬ近代国家を整えるため、藩閥専制政治に代えて、国民の政治参加による憲法と国会を作るよう「民撰議院設立建白書」を提出した。建白書は無視されたが、その実現をめざして初めての政治結社「愛国公党（後の自由党）」を作ったのが自由民権運動のスタートだ。

アイデンティティを失い、生活の困窮にも耐えきれなくなった西日本の不平士族層が各地で反乱を起こしていく。七年に江藤の「佐賀の乱」、九年に熊本の「神風連の乱」、福岡・宮崎車之助の「秋月の乱」、山口で前原一誠の「萩の乱」などが起き、ついに明治十年（七七年）の大規模な内戦・西南戦争に至る。土佐でも西郷軍への合流が真剣に議論されていたし、十一年に内務卿・大久保を暗殺したのは、窮乏して「忠告社」を結成した旧加賀藩の士族たちだった。しかしこうした士族たちのクラシックな反乱は、近代化された新政府軍によりすべて鎮圧されていった。明治初めの一連の反乱は士族によるものだったが、後で述べる農民・百姓・庶民たちの一揆・暴動は別の形になっていく。

土佐・立志社が率いた国会期成同盟

自由民権運動を率いる総本山「立志社」は、百五十年前、土佐から始まったと土佐人は自負している。今も立志社跡には、不羈の気概が漂っている。明治六年（一八七三年）、征韓論争で敗れた板垣、後藤、江藤、副島の前参議が下野した。故郷・高知に帰った板垣は、片岡健吉、植木枝盛、林有造、山田平左衛門らに呼びかけて、「天賦人権」を宣言し、人権と自由と平等の確立、人々の啓蒙、福祉の増進などをめざして政治結社「立志社」を立ち上げる。翌年、憲法制定、国会開設を求める「民撰議院設立建白書」を出して大久保政府に一蹴されるが、土佐はじめ自由民権派は意気軒高だった。

次々に立ち上がる政治結社は、明治二十三年までに二〇四三社に上り、その内高知県に二三四社あったという。戸主に限って日本で初めての女性参政権を認めさせ〝民権ばあさん〟と呼ばれた楠瀬喜多など、さまざまな女性のたたかいも現れた。立志社跡の石碑の「自由は土佐の山間より出ず」との言葉は、明治十年の立志社の機関誌『海南新誌』創刊号の植木枝盛の文章に由来するという。ちなみに東海地方では、岐阜に二〇社、愛知に二五社、三重には三二社の民権結社ができた（『詳説日本史』山川出版社）。

板垣らは立志社を中心に、各地の自由民権運動を糾合して、七年、大阪で民権結社の連合ともいえる「愛国社」の会議を開いた。石川、愛知、和歌山、愛媛、香川、高知、岡山、鳥取、福岡、佐賀、大分、熊本から一三社の代表が集まった。翌年の大会で国会開設をめざす方針を決め、愛国社がネットワークの中心となっていった。士族だけでなく、新たに豪農・豪商出身の者や、都市の知識人らも加わった運動へと次第に成長していく。

さまざまな結社の複雑な合従連衡を経て、十三年三月、大阪で開かれた第四回大会で、愛国社は「国会期成同盟」に脱皮し、翌十四年、政府はついに「国会開設之詔勅」を出し、二十三年に議会を召集すると約束する「憲法制定・国会開設之詔勅」を出さざるをえなかった。これをうけて、自由民権をめざすさまざまな運動が活発化していき、その一部は武装した多くの激化事件に発展していった。

恐懼して勅使を迎えた自由党

板垣襲撃事件に話は戻る。板垣に拾われて後に政治家になる後藤新平は、当時の愛知県医学校（現・名古屋大学医学部）の校長であり病院長。後の東京市長、ＮＨＫの初代総裁にもなった後藤だが、このとき弱冠二十六歳だった。愛知の民権運動のリーダー内藤魯一に請われて、事件の翌七日早朝、愛知県令の禁止を振り切って、板垣の診察に向かった。

名古屋から岐阜までは四〇キロあまり。マラソンコースくらいだろうか。人力車を飛ばして、昼前、板垣退助の旅館を訪れた。自由党員たちは、後藤を「政府の刺客ではないか？」と疑って、いったん治療を断ったが、板垣に説得されて治療を受けたという。このとき、後藤は「閣下、御本懐でございましょう」と声をかけたと伝えられ、板垣は「お前は変わった医者だな」と言い、後藤は「国の病気を治したい」というようなことを言って、強く板垣の印象に残ったらしい。

憲法制定を控え、ヨーロッパの実態調査で日本を留守にしていた伊藤博文は、イタリアで板垣遭難のニュースを聞いて仰天した。相手は自由党総裁・板垣退助だ。やっと西南戦争を収めたばかりなのに、福島でも自由党と争いになっている。何としても岐阜での衝突は避けたかったに違いない。翌七日、参事院議長・山縣有朋が天皇に事件を上奏して、見舞いの勅使を送ることを決めた。

勅使・西四辻公業《にしよつつじきんなり》は、まだ鉄道もなかった東海道を急ぎに急いで、四月十二日に岐阜に到着する。前夜まで対決も辞さない構えだった板垣と自由党陣営は、勅使ときいてひるんだ。一転して態度を改め、恐懼《きょうく》して勅使を迎えた。勅使は〝天皇が心を痛めている〟と伝え、見舞金として三百円を渡した。『自由党史』では、「嗚呼聖明の其の功臣を愛撫する何ぞ殷《さかん》（大きいの意）なるや。一党感泣、士心為に安し」となる。賢く広い心の天皇は、功績ある忠臣をどれほど愛してやまないことか、という。自由党の中では、勅使を追い返せという強硬論もあったというが、板垣自身が感激して鉾を収めた。勤皇第一の板垣と、勇み立つ党員たちとの意識のずれもあったのだろう。

岐阜・末広座で『花吹雪伊奈波の黄昏』

板垣遭難というセンセーショナルな事件を、一般庶民はどう受け止めたのだろうか？　この事件で、板垣退助の人気は爆発的に高まったようだ。全国各地で燃え広がっていた自由民権運動の燎原の火に注がれた油に等しかった。そして自由民権運動は一部で激化していき、皮肉なことに次第に自由党の手には負えなくなっていくのだ。

興行師からすると、大衆のうっぷんを晴らす芝居にはうってつけのネタだった。土谷桃子（岐阜大学）は「板垣退助岐阜遭難の芝居～明治十五年の作品を中心に～」という興味深い論文を書いている。それによれば、板垣の地元・高知「堀詰座」では、早くも事件直後の明治十五年（一八八二年）六月三十日から七月二十五日まで、板垣事件の顚末を『東洋自由曙《あずまなだじゆうのあけぼの》』と銘打って、中村鶴五郎・松本錦蔵が上演した。作者は土佐の自由民権運動家で、『土陽新聞』記者だった坂崎紫瀾。彼は〝民権講釈〟も思いつき、馬鹿林鈍翁という名前で芝居も書いていたらしい。続いて七月十八日からは、中村七賀十郎一座が岐阜の芝居小屋「末広座」で、『花吹雪伊奈波《はなふぶきいなば》の黄昏《たそがれ》』として上演している。

『花吹雪……』のおおよそのストーリーは、こうだ。まず相原尚褧が登場して板垣殺害の決意を語る。名古屋で匕首を購入し、伊奈波神社の祭りで賑わう岐阜に現れる。宿泊先・玉井屋にいる板垣に面会しようとするが断られる。翌日、たすき掛けをし匕首を用意して、中教院の外に潜む。演説を終え玄関に現れ、花道へ向かう板垣に後ろから切りかかる。倒れた板垣にとどめを刺そうとするところへ、内藤魯一らが現れ、相原に飛びかかる。相原が取り押さえられたとき、板垣が起き上がり「方々心痛めさるな。板垣は死すとも大日本の自由党は亡びませぬ」と大見得を切る。自由党員らは共犯者と思しき『岐阜日日新聞』の池田豊志智らを探し出し、池田は裁判所に出頭する。そこへ勅使が到着し、板垣は大いに面目をほどこす、という次第。さぞや観客は拍手喝采したことだろう。

岐阜の『花吹雪……』と高知の『東洋自由曙』とは、芝居のエピソードやキャラクターは若干異なるが、おおよその流れは似たような形だ。もちろんこれは事件を下敷きにした創作芝居なので、女性を登場させたり、誇張の部分はいろいろあった。ただ高知の『東洋自由曙』では、板垣退助は稲垣大輔、相原尚褧は相原尚貞になるなど、実名を避けているが、『花吹雪……』では、『岐阜日日新聞』の池田豊志智が、刺客との関係を疑われて逮捕され、小崎県令の友人の弁護士・田島鹿之助にも嫌疑が及んだ、などと関係者の実名を使っており、より事実関係を描いたようでもある。当時の新聞に残された芝居のあらすじや劇評からみて、これらの舞台はそれまでの伝統的な歌舞伎の様式を踏まえたものではあるが、娯楽だけでなく報道的な機能も備えていたという。

相原を演じたのは、東海一円で活躍していた愛知県扶桑町出身の歌舞伎役者・中村七賀十郎で、当時大きな人気があったようで、芝居の広告チラシが広く撒かれていた。「人気といふは恐ろしいもので、今度岐阜末広座演劇散らし（チラシ）が一枚加茂郡大田村（現・美濃加茂市）理髪床の軒下にフハリと掲げあるを、同村の若者等が見付て此うちに、坂東熨斗太郎・中村賀三郎・市川鯉三郎の三人があるが、是は我村方でも大贔屓俳優なれば、何か舞台へ張り出さしせねばなるまいとて、即今金を集めをるよし」という記事が、この明治十五年七月十五日の『岐阜日日新聞』に載った。自由民権というキャッチコピーは、人々の目を引いたことが窺われる。美濃加茂では、後述するように二年後、農民たちによる武装激化事件〝美濃加茂事件〟が起こる。

aibo：この〝めでたしめでたし〟の結末は拍子抜けだな。自由党の「四民平等」とか「自由民権」はどこ行ったの？　天皇が出てくると収まるようなものだったのかね？

masa：幕府を倒した革命家たちの多くは忠実な勤皇家で、「王政復古」で天皇を主権者にするのが目標だったからね。

aibo：ヨーロッパ風に言えば「王党派」やね。

masa：そう「民権派であり王党派」という明治維新の本質的矛盾や。この後自由党が中心になって、全国で憲法草案がたくさん作られていくよね。今の憲法にも見劣りしない人権条項を備えた案もあるんだけど、天皇・皇帝を排して「共和制」にしようという案は、一つもなかったというね。

aibo：そういえば足尾鉱毒事件でも、国会議員を辞職した田中正造が、天皇の馬車に直訴する場面があるよね。

masa：そうそう。正造も含めて日本人の天皇信仰は深いね。成田空港建設に抵抗する地元農民の「三里塚芝山連合空港反対同盟」に応援に行ったときにね、天皇の写真が飾ってあったのが話題になってたよ。日本人の民主主義は、ギリシャ・ローマ的合理主義ではないよね。欧米人の民主主義はキリスト教信仰と共通するところあるよね。

「板垣死すとも自由は死せず」の真実

「板垣死すとも自由は死せず」と叫んだという場面が〝国民的常識〟にされているが、真実はどうなのだろうか。

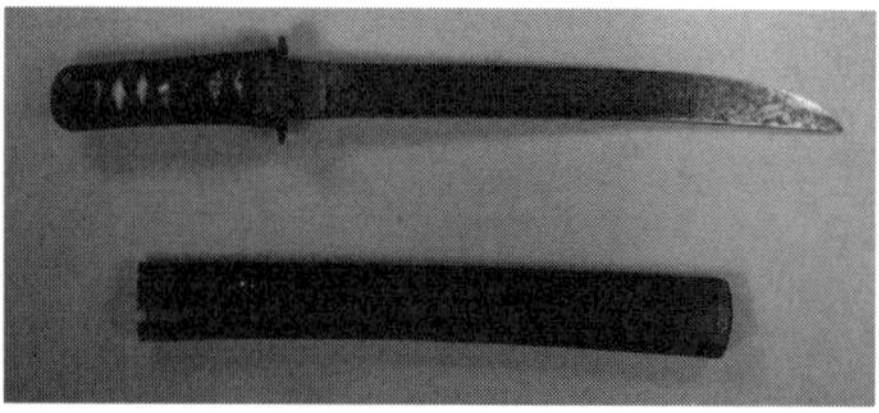
板垣が刺された短刀（高知市立自由民権記念館）

『岐阜県史』『自由党史』はじめ、多くの文献にさまざまな解説がある。例えば、板垣の遊説に密着して偵察していた岐阜県御嵩《みたけ》警察署御用掛・岡本都嶼吉が、四月十日に署長に提出した「密偵上申書」には、板垣は襲われたときに「吾死スルトモ自由ハ死セン」と言ったと書かれている。岐阜県警部長・川俣正名が小崎県令に出した四月九日の報告書では「我今汝カ手ニ死スルコトアラントモ自由ハ永世不滅ナルヘキソ」となっている。自由党の臨時報では「板垣ハ死スルトモ自由ハ亡ヒス」であり、四月十一日の『大阪朝日新聞』は「板垣は死すとも自由は亡びませぬぞ」と叫んだと書いている。しかし大隈重信系だった『報知新聞』では、「板垣死すとも自由は死せず」というセリフは、板垣に付き添っていた美濃の民権家・内藤魯一が考えたもので板垣が叫んだ事にしたのだ、と皮肉っている。

当時の新聞は、それぞれの政治党派の主張を広げるために作られていたので、ニュースの正確さが第一だったわけではないのだろう。

犯人・相原と格闘した内藤が『自由党史』のために、土佐の歴史家でジャーナリスト・坂崎紫瀾に出した手紙（高知県立図書館）の格闘場面には、この有名なセリフに一言も触れていないのは不自然だといわれる。板垣に従っていた『土陽新聞』記者・安藝喜代香によれば、手当を受けていた板垣は、容態を心配する安藝に向かって、「おらを殺したち自由が死ぬるかねや」と言ったというが、このエピソードが『自由党史』の文章のアヤになったのではないか、と『無形 板垣退助』（高知新聞社）の著者・平尾道雄は推測する。板垣自身も後に、この場面で「アッと思うばかりで声も出なかった」と書いているそうだが、その辺りが真相に近いのではないだろうか。

ところで、取り押さえられた犯人・相原は、当時二十七歳。名古屋藩の二百石の勤皇派武士だった相原仙友の長男で、愛知県の小学校教員をしていた。政府系の『東京日日新聞』の主張に心酔して、自由民権運動を敵視していたらしい。事件後、相原への極刑論も強かったが、板垣は助命嘆願書を出して、相原は無期懲役となった。

北海道の集治監で服役したが、七年後、帝国憲法発布の恩赦で釈放される。保釈後、相原は板垣退助に謝罪に訪れ、板垣は彼を許したという。この報道でも板垣は喝采を浴びた。相原はまもなく殖民開拓の為、北海道へ渡る途上、なぜか遠州灘付近で船上から失踪したという。自殺だったとも、証拠隠滅のため〝消された〟とも、どこかでひっそり生き延びたとも諸説あるようだ。彼が板垣に向けた短刀は、今も高知市の自由民権記念館に展示されていて生々しい。

広がる激化事件と抑え込む政府

このころ大隈重信や福澤諭吉系の開明派官僚たちは、政府内でイギリス流の議院内閣制や地方自治、選挙権の拡大、通商制度の改革などをめざしていた。しかしそのやり方が〝急進的すぎる〟として伊藤らが反発し、明治十四年（一八八一年）、北海道開拓使の「官有物払下げ事件」をきっかけに大隈派は政権から一斉に追放される（十四年政変）。大隈・福澤らはこれを機に「立憲改進党」に結集した。民権運動は「改進党系」と「自由党系」に分かれる。この二つの流れはその後も名前を変えながらも、日本の政党政治の底流となっていったことを記憶しておきたい。

政府は一方で、学制公布（明治五年）、地租改正と徴兵令（六年）、屯田兵条例（七年）、廃刀令（九年）、郡区町村の編成、地方税や府県会の規則制定（十一年）、琉球処分（十二年）などを精力的にすすめ、近代国家の基盤を着々と固めていった。〝時代の流れ〟として国会開設を認めつつも、他方で自由党はじめ反政府運動への強硬な対応では一致していた。強まる民権運動に危機感を抱き、十三年、悪名高い「集会条例」で結社の支部を禁止し、力ずくで弾圧する。それによって多くの運動はさらに急進化したり、政府打倒をめざしていく。

十一年、「民心を扇動し国安を妨害する」演説を監視し、自由民権を求める演説会場で「弁士注意！」「弁士中止！」と命じることができるよう政令を定め、国会期成同盟を弾圧した。集会や結社が「国安に妨害あると認める」場合は中止させ、陸海軍人・警官・学生・生徒の参加禁止、屋外集会の禁止、警官が解散を命令できるものだった。

十五年、山形・福島県令を兼任した三島通庸《みちつね》は、権力を振りかざして辣腕を振るった。河野広中（後に衆議院議長）ら東北自由党の地盤で「自由党を撲滅せよ」と命じて、強引に土地を接収して道路を作り、抗議する住民や自由党員や河野らを次々逮捕する（「喜多方・福島事件」）。翌十六年の高田事件、十七年の群馬事件、秩父困民党事件、加波山事件、名古屋事件、十八年の大阪事件、十九年の静岡事件など主な激化事件は、それぞれ形や構造が異なっているが、大なり小なり自由党員が関わっていた。板垣退助襲撃事件が合図になったかのように、全国各地で自由党による自由民権運動は激化、先鋭化していったが、皮肉なことにこの時期に党の衰退も始まっていったのだった。

民権運動と大衆を恐れる政府は、さらに集会条例を改悪して政治を論議することや、政党の地方支部の結成をも禁じた。一方自由党は、内輪の議論を繰り返して対抗策をまとめきれないうちに、官僚層や大隈重信ら現実政治派に、憲法制定、国会開設の勅諭などで先手を取られてしまった。自由党は手足をもがれ、また激発するエネルギーをコントロールできなくなって、十七年、ついに解党せざるをえなくなった。力ずくの治安体制は、二十年に保安条例、二十三年の集会及政社法、三十三年の治安警察法にエスカレートしていく。

新しい政治体制、地方制度、外交問題など切迫した問題をめぐっての、政府とさまざまな立場の自由民権運動・政治勢力との衝突、駆け引きは混迷を極めた。しかしこの混乱期を通して、新しい国民国家を作るためには〈憲法と議会政治〉が不可避であるという認識を、若い政治家たちは次第に共有していった。人々はやっと武器を捨て、政治結社による政策実現に向かっていくことになる。

aibo：何か社会科の授業を聞かされとるみたいやな。僕らが学校で習った「徳川幕府の終わりが武家政治の終わり」とか、「明治維新が近代の始まり」という図式は、実態とは違うようやな？

masa：何百年も続いた日本の身分社会の意識や構造は、簡単に変わるものじゃなかったね。近世は、少なくとも西南戦争までは続いてたんだよね。独立国に近かった薩摩は明治維新ではほとんど変わらなかったと、歴史家・半藤一利ははっきり指摘したよね。

aibo：武士っていう支配身分が、長年頼ってきた秩禄（給料）を返上して、刀も使えなくなったんだから、そりゃ苦しいはずや。曲りなりに秩序ある近代国家が成立するのは、激化事件の終結と、帝国憲法と議会開設のあとだね。

masa：特権も武器もなくなっても時代に従っていった士族の〃倫理観〃みたいなものは、現在人には想像できんね。「風と共に去りぬ」の世界や。

aibo：黒船や大砲のテクノロジーにはもちろん衝撃を受けたやろうけど、聞いたこともない「人権・自由・平等」などの思想は、なかなか理解できんかったやろね。

masa：今の人権・平等の概念とは大きな開きがあるけどね。幕末から明治初期にかけて、多くの視察団が欧米へ調査に行ったけど、行先によっても、彼らの理解には大きな違いがあっただろうね。

aibo：それにしても、ウチらは学校で「日本の近代」をまるきり教えてもらってないよな？なんで学校では日本の近・現代史を教えんのだろう？

masa：戦前からの保守思想を護持する文部省や文教族政治家が、教育指導要領や教科書を統制してるからやろな。評判になったドキュメンタリー映画『教育と愛国』（斉加尚代監督。22年）何か見ると、文部官僚の時代錯誤感覚にクラクラするね。

身分制に抵抗した板垣

維新の〝悲劇のスター〟としては、早死にした坂本龍馬や上野の西郷さんは人気が高い。これに比べて板垣退助はやや地味な感じはあるが、戊辰戦争の英雄としても、その後の自由民権運動のリーダーとしても圧倒的な人気があった。少年時代からガキ大将として人の上に立ちたがり、弱いものいじめを絶対許さなかったという。聴覚に障がいがあったので、政界を退いて視覚障碍者の按摩専業に努力したり、傷痍軍人の福利厚生、女性受刑者が獄中出産したこどもの育成などの社会改良にも取り組んだ。「天賦人権」「一君万民」を説き、被差別部落解放の為の日本最初の全国組織となる「帝国公道会」を創り、政財官界や宗教界の代表に参加を呼びかけた。

大久保や大隈、伊藤ら官僚的な政治家らとの主導権争いでは遅れをとったが、「有司（官僚）専制」を批判し国会開設を求める民撰議院設立建白書に始まり、「四民平等」「平民への参政権」をめざす気概は徹底していて、天皇と人民一体の政治体制を作るべきだと主張した。明治十七年（一八八四年）に、政府が華族を世襲制にする「華族令」を制定して天皇制を強化した。「一代華族論」を唱えていた板垣は「永世華族」に反対し、遺言で息子に爵位を辞退させる手続きを採って抵抗した。明治二十年に、戊辰戦争と明治維新の功績で伯爵に加えられることになったが、板垣は爵位で特権階級の一員になるのは、かつて将軍家に大政奉還を迫り、藩主に版籍奉還を促し、士族に秩禄処分を断行した維新の精神に矛盾するとして納得しなかった。華族は「天皇の藩屏」と称するが、実際は天皇と国民を隔てるもので、そんな特権階級を作るために明治維新を行ったのではないと、『再辞爵表』を書いて再三辞退した。宮内省は困り果て、伊藤博文は竹内綱を通じ「三度の拝辞は不敬にあたる」という三顧之礼の故事をひいて諭し、ようやく頑固な板垣を説き伏せた。

これほど四民平等にこだわった板垣は、晩年、興味深いことに大正デモクラシーとロシア革命に出会った。社会主義についても何回か語っている。「しかりといえども、予がここに平等均一というは政治上の権利の平等均一を指すものにして、決してかの社会主義者（マルクス主義者）の唱うるごとく、社会上における生活上の平等均一を指せるにあらず。（中略）社会の実情において権利は平等均一ならしむことを得べきも、生活は決して平等均一ならしむことを得るべからず。何となれば人間の痴愚、強弱、勇怯、勤惰等の差別ある以上、これより生ずるところの生活の現象は、自ずから相異ならざるを得ざる」（板垣退助『立国の大本』）、板垣の人間観の真骨頂だろうか。

岐阜板垣会・板垣国和さんに出会う

ところで板垣退助を顕彰する会が、今も地元高知はもとより岐阜にもあるということを、高知のＮＰＯ法人板垣会の公文豪さんに教えてもらってとても驚いた。

コロナ騒動が本格的になった二〇二〇年（令和二年）四月、僕は期待を秘めながら車を走らせ、木曽川の南の可児市役所で、「岐阜板垣会」の板垣国和さん（板垣歴史総合研究所）にお会いした。初めてお目にかかったのだが、お互いにすぐに分かり、板垣さん行きつけの昔ながらの民芸店風の渋い喫茶店に移った。物分かりのいいマスターは、コーヒーにデザートもクッキーも添えてくれて、後は放っておいてくれた。板垣さんは広い机にいっぱいの資料を用意してくださった。

国和さん自身は退助の家系ではないというが、仕事の合間に自分のルーツを調べ、独力で板垣歴史総合研究所を立ち上げ、岐阜板垣会を支えてきた。国和さんによると、板垣家の家系は、甲州・武田信玄の家臣で甲斐の板垣荘を治めていた板垣信方（信形）に始まるという。僕の友人で板垣姓が複数いるが、彼らに聞くとまた別の系譜もいくつかあるらしい。

それはともかく、武田が滅亡し、上田で戦死した板垣信方の子孫・正信は、織田家の重臣だった山内一豊に拾われ、家臣だった乾家を継いだ。織田・豊臣・徳川の間を巧みに生き延びて、一豊に従って土佐に行き、重臣・乾退助として維新を迎える。

土佐の乾は薩摩の西郷らと「薩土同盟」を結び、戊辰戦争では土佐藩兵を率いて東山道先鋒軍の参謀として進軍した。甲府城を攻める際に「旧武田家家臣の〝板垣氏の末裔〟であることを示して甲斐の人々の支持を得よ」との岩倉具視《いわくらともみ》の助言を得て、板垣氏に姓を戻したことで、少ない犠牲で甲州を従えたという。その後の東北戦争などでも武勲があったが、それは省く。山内一豊の妻・見性院は岐阜・郡上八幡の遠藤盛数の娘だとも言われる。板垣にとって岐阜は縁浅からぬ土地だったかもしれない。

aibo：なるほど板垣家のファミリー・ヒストリーは面白いね。それに、現在の岐阜に「板垣会」があるっていうの興味深いね。

masa：岐阜板垣会の連絡先はどこやと思う？　岐阜選出の野田聖子代議士の事務所にあるんだよ。聖子さん（と岐阜の人は呼ぶ）の祖父・野田卯一は、後の総理大臣・池田勇人や福田赳夫と並んで、大蔵省のトップから一九五一年（昭和二十六年）第三次吉田茂内閣の建設大臣として政界に入って、後には自民党の総裁選にも出たり、三木内閣の経済企画庁長官を務めたり、〝リベラル系自民党〟のリーダーだったからね。板垣会を継いでもおかしくないね。聖子さんも、銅像前での感謝祭には出てるみたい。

aibo：自由民権運動という名前からすると、その精神は〝革新系〟政党が引き継いでいるのかな、と思うよね。自民党にあるのが、失礼ながら面白い！

masa：板垣退助の銅像は岐阜（柴田佳石作）以外にもあるんやけど、どこか分かる？

aibo：まず、土佐の高知にもあるんやろ？

masa：そうや。本山白雲作や。他には憲法制定、国会開設の功績で国会議事堂（北村西望作）と尾崎行雄記念財団（東京・憲政記念館内。本山白雲作）、それに日光と青梅にもあるんだ。青梅は自由民権運動の秩父困民党の地元だ（松野伍秀作）。また戊辰戦争の際、日光にたてこもった幕府軍と対峙した板垣は、日光を戦火にさらすまいと、幕府軍大鳥圭介を説得し、無血開城に成功した縁らしいね（本山白雲作）。

aibo：若い人たちは知らないだろうけど、百円札にもなってたよね。

岐阜人は芝居好き？

ちなみに板垣芝居の「末広座」があった岐阜の伊奈波神社は、「壬申《じんしん》の乱」（六七二年）で、近江を攻める大海人皇子《おおあまのみこ》（天武天皇）が勝利を祈願したという由緒の神社。後に斎藤道三が稲葉山城（岐阜城）を築城するときに、今の場所に移したという。板垣遭難事件のあった四月の例大祭は、現在は「道三まつり」という岐阜一番のイベントになっている。

十八世紀後半から、参道には「末広座」の他にも、「国豊座」「相生座」「栄座」など一群の「因幡芝居」があって、濃尾地震（明治二十四年・一八九一年）ころまで賑わっていたと記録されている。

現在の伊奈波神社前

岐阜は地芝居の盛んな土地柄だ。江戸と上方に挟まれて役者の往来も盛んだったし、芝居の水準は高かった。江戸後期からは地元で舞台を作って、上演するようになった。一九七一年（昭和四十六年）当時の調査では、農村舞台の数は二六四と全国で最も多い地域で、現在でも「歌舞伎」「文楽」「人形浄瑠璃」の保存会は県内一円に四〇近くもある（丸山幸太郎「地芝居の興隆過程と現状」『岐阜県の地芝居ガイドブック』）。

自由民権運動のために芝居が盛んだったわけではない。人々は芝居を楽しみつつ、自由民権の議論も楽しんだということだろうか。「激しい言葉で政府を批判する弁士、悪役としての警官、両者の激突と会場の混乱。聴衆にとって演説会は一種の痛快な見世物であり、参加者は必ずしもそこで説かれる政治構想の理屈を理解し共鳴していたわけではなかったのである。（中略）いつの時代も変わらぬ政府への不満や、それを激しく批判する言葉を聞くことによって得られる快感を求めてのことだったかもしれない」（松沢裕作『自由民権運動 〈デモクラシー〉の夢と挫折』岩波新書）。民衆にとっては〝政治家は死すとも輿論は死せず〟なのだった。

二、自由言論のビッグバン
——演説と新聞が拓いた文明開化

テレビに脅える権力者たち

二〇二二年（令和四年）二月にロシアがウクライナに侵攻し、三月十四日、ロシア軍はぎりぎりとキエフ包囲網を縮めていた。その夜、ロシアで最も視聴率の高い「第1チャンネル」午後九時の看板番組「ブレーミャ（時の意）」で、キャスターが、欧米による経済制裁について伝えていたときだった。「NO WAR」「プロパガンダを信じないで！　彼らはあなたに嘘をついている」「ここであなたは騙されている」と、手書きのロシア語で書いた大きな紙を持ったマリーナ・オフシャニコワは、ダンスでもするように軽やかにスタジオに飛び出した。文字がキャスターの後ろに隠れないよう、右へ左

マリーナ・オフシャニコワの抗議

へリズミカルに動く。昔風に言えば、牛若丸が五条大橋の欄干を飛んだように、とでもいうのか。その間、わずか五秒ほど。画面は別のビデオ番組に切り替えられたが、僕はあっけにとられながらも胸を揺すぶられた。プーチン独裁のど真ん中で、何と勇敢な人だろう！　オフシャニコワは「第1チャンネル」の何人かいるスタッフの一人だったようだ。間もなく拘束され、モスクワの裁判所は翌十五日、彼女が無許可の集会を呼びかけたとして三万ルーブル（約三万三千円）の罰金を命じ、釈放した。今年（二二年）、子連れでフランスに亡命したという。

彼女は父がウクライナ人で母がロシア人、二児の母だという。事前に録画していたメッセージがネットで拡がった。「私はこれまで何年も第1チャンネルで働き、クレムリンのプロパガンダに加担してきました」「テレビ画面で嘘を話すのを許してきたのが恥ずかしい」「（ウクライナに対する）〝兄弟殺し〟の汚名は今後十世代は続く」と謝罪し、ロシア国民に反戦活動を呼びかけた。

日本では〝テレビの反乱〟は許されるか？　かつての冷戦時代には、ドラマ『ひとりっ子』（一九六二年、ＲＫＢ毎日）や、ドキュメンタリー『ベトナム海兵大隊戦記』（一九六五年、日本テレビ）など戦争批判の番組が、政府・与党の露骨な圧力で放送中止に追い込まれる事件がしばしば起こった。二〇〇三年（令和十五年）のイラク戦争では、武力攻撃事態法などで、放送メディアを政府指定公共機関として有事に対応するように定めた。近年、政府からの番組への露骨な介入は表立ってはなくなったように見える。他方で放送の制度・ルールも整備され、政治家個人による乱暴な介入に代わって、総務省による巧妙な電波監理・管理が浸透し、政府に批判的なニュース・

番組には放送免許をちらつかせて圧力をかけるようになった。

とはいえ集団的自衛権などを強行した安倍政権もとでは、二〇一五年春の番組改定時に、政権の意に沿わなかったといわれるTBS・岸井成格、NHK・国谷裕子、テレ朝・古舘伊知郎らが更迭された。安保法制強行採決に対して『報道ステーション』（テレビ朝日）のコメンテーターだった古賀茂明が「I am not ABE」と書かれたフリップを掲げ、菅官房長官らの猛抗議で罷免されたのが記憶に新しい。当時の高市総務相は一六年、「政治的公平を欠く放送を繰り返せば電波停止も可能」と、露骨にテレビ各局を恫喝した。この問題が今なお報道現場と政治権力の関係を揺さぶり続けているのは周知の通りだ。

そもそも演説や新聞というものは、近代日本にどのように登場し、言論の自由は明治政府のもとでどのように扱われていったのだろうか？

沸騰していく演説会

江戸時代、岐阜は七〇もの旗本領と尾張藩に分割支配されてきた。困りごとがあっても集団で話し合ったり、団結して行動する自由や習慣がなく、人々は多くの法度・掟・前例を守って行動するしかなかった。人前で自由にしゃべるという概念や形式がなかった。しかし天地がひっくり返って、世の中は劇的に変化した。何でも聞いたりしゃべったりしても、直ちに殺されることはなくなった。

福澤諭吉はspeachを演説と名づけ、明治七年（一八七四年）に「三田演説会」を作って、人を集めて聞かせた。演説会が開かれていくと、役人たちの厳しい見張りにもかかわらず大盛況になった。身分制から解放された人々は、堰を切った水のように貪欲に新しい知識を求め、対話・討論を始めた。演説会は自由主義の思想や自由民権結社のメンバーを拡げただけでなく、身分を問わずに新しい知識に触れ、議論したい人たちが集まる教育や討論の坩堝《るつぼ》の役割を担ったのだった。

植木枝盛の演説

「演説会」では何が語られたのだろう？　元老院議官として地方の動きを調査して回った「関口議官巡察復命書」に、岐阜県での主な演説会の記録が残されている。例えば明治十五年に届けのあった政談演説会は五〇回。演題は二二八に上り、演者六七人、参加者一万一千人となっている。政党別でみると〝急進派〟の自由党系が三〇回、〝漸進派〟の改進党系が一一回、愛知の〝復古派〟愛国交親社系が四回だ。

演説のテーマは、二百人を集めた一月七日の各務郡洞村（現・各務原市）の例では、「人民共同の主意」、「道理は鉾より強し」、「商法論」、「習慣論」、「経済論」、「政治上の行旅」などで、合理的な考え方や道理を教える啓蒙的な話が並んでいる。このころの人気テーマは、「人民の権利」、

「三権鼎立論」、「地方自治論」、「治水論」、「社会の幸福」、「国会開設の準備」などで（『岐阜県教育史』）、今なら中学の社会科か、大学の教養科目の授業という感じだ。自由民権の時代とは、国民的な一大啓蒙の時代でもあったのだ。

一方、運動が岐阜より進んでいた愛知県豊橋の「自由党政談演説会」では、十四年二月、三夜連続で三百人以上を集めた。愛知の民権運動のリーダーたちによるもので、内藤魯一の「圧政政府転覆論」、村松愛蔵の「紙幣増税の弊害を述べ救助の策」、遊佐発の「圧制政府は人民の権利を拡充する基なるか」など、政府を真っ向から批判するものが並ぶ。

政治意識が低かった岐阜だが、さすがに板垣襲撃事件の後、十五年四月十三日の演説会では三千人も集まった。「日本魂の弁」、「卑劣なる者」、「過激粗暴とは何の処の辺ぞ」、「板垣君は死すとも自由は亡びず」、「政府の自刃」などのテーマには、高知、大阪、京都、愛知、滋賀、岐阜の講師たちが熱弁をふるったようだ。

民権運動のふ卵器になった『愛岐日報』

明治維新やその後の近代化の中で、新聞の発刊はどんな役割を果たしたのか？

明治初期、自由民権運動が澎湃としてわき起こる中で、自由党に限らずどの政治結社にとっても「演説・集会」は活動の中心だった。これと並んで、ニュースや主張、新しい知識を知らせるメディアとして、画期的な「新聞」というものを発行して読者を拡げることも、すべての結社に

図１　愛知・岐阜の政治結社関係図

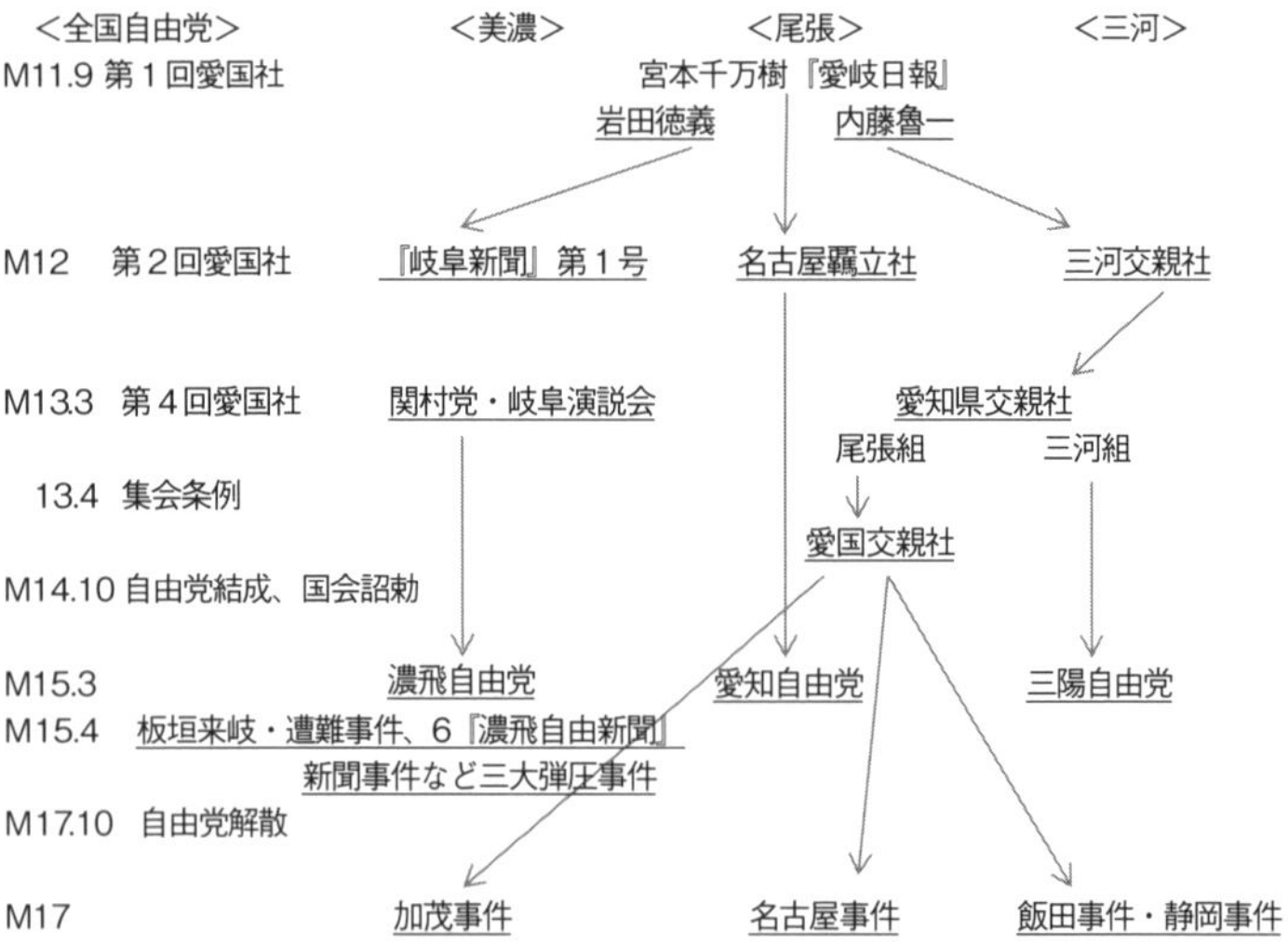

（若井正「岐阜県初期自由民権運動史」『東海近代史研究４』などから作成）

とっては基本的な活動で、競って新聞を出した。

愛知の自由党系新聞社『愛岐《あいぎ》日報』からは多彩な人材が生まれた。愛知県初の民権結社「羈立社《きりつしゃ》」を立ち上げた宮本千万樹、「飯田事件」の中心になった村松愛蔵や川澄徳次、東濃の自由民権をリードした小池勇、「静岡事件」の廣瀬重雄らも『愛岐日報』の記者だった。内藤魯一や村松愛蔵が「私擬憲法草案」（明治十四年・一八八一年）を発表したのも『愛岐日報』紙上だ。

社内に同年の若い二人、内藤魯一と岩田徳義がいた。内藤と岩田は西南戦争の行方を見て、今や明治政府を武力で倒すのは無理だと悟った。そして明治十二年こう盟約を交わしたという。

「君（岩田）ハ濃飛（美濃・飛驒）二州ノ野ヲ開拓シテ自由民権ノ種ヲ繁殖セラルベシ、不肖魯一ハ尾参（尾張・三河）両国ヲ以テ任セント」（教育奨励会編『岩田徳義翁小伝』）。岩田君は岐阜県に自由民権の種を蒔いてくれ。愛知県は自分・内藤に任せてくれ、と。以降、二人は愛知・岐阜の自由民権運動を分担して組織していくことになる。（図1参照）

内藤魯一（弘化三年〜明治四十四年・一八四六〜一九一一）は福島藩出身。戊辰東北戦争に負けて家臣たちを率いて、三河重原藩（現・刈谷市）に転封される。年は若かったが家老である。窮地に立った藩士たちを率いて民権結社「三河交親社」を興し、用水や港湾を整備し、田畑を開拓して授産に奔走する。自由党に加わって、中央政治でも板垣退助の側近として民権運動の先頭に立ち、後に愛知県会議長も務めた。

「美濃に自由党を創ろう！」

岩田徳義

片や岩田徳義（弘化三年〜大正七年・一八四六〜一九一八）は、徳川の本拠地・岡崎で下級武士の家に生まれた。幼いころから四書を学んで優秀だったという。秩禄がなくなって『愛岐日報』に就職し、頭角を現して主筆を担い、多くの同志たちと出会った。特に同年の内藤とは〝肝胆相照らす〟仲となり、自由民権を共に広げようと誓い合ったと回顧している。

世の中は国会開設へと雪崩を打っていた。全国の民権結社が国会開設の請願書を出し、自由党系の全国組織「愛国社」を中心に、国会への機運が盛り上がるが、岐阜県は無風状態だった。明治十二年（一八七九年）岐阜へやってきた岩田は、六月に井上伴二・鍵谷龍男らと『岐阜新聞』第一号を発行し、翌七月には『幼稚新聞』（後に『教育新聞』）を毎月千部発行するなど、精力的な活動を始めた。

士族・豪農を問わず中津川、恵那、関、岐阜近郊などの民権家を訪ねては「美濃に自由党を創ろう！」と説得し、東奔西走する。そして旧加納藩の士族や関村（現・関市）の有志を中心に「関村党」を名乗って、十三年三月、大阪で開かれた愛国社第四回大会に参加する。翌年には岐阜に遊説に来た民権家・沼間守一とともに国豊座で政治演説会を開き、「自由民権の大義と国会開設の急務」を説いて、官憲に解散させられた。

その後も全県的な自由党結成をめざして奮闘するが、主力になるべき開明的な士族と農民層の協力が進まなかった。他方西濃の豪農たちは、後の立憲改進党とつながる「拡知社」をすでに立ち上げて、貧農層が多い東農・中濃地域の自由党勢力に対抗していた。

県令に狙われた岩田徳義

井上・鍵谷らと『岐阜新聞』を興した岩田徳義だったが、翌年、穏健派である鍵谷らと意見を異にして退社する。鍵谷らは明治十四年（一八八一年）、改進党系の『岐阜日日新聞』を発刊する。

社長は加藤、局長・井上、編集長・鍵谷で、これが現在の『岐阜新聞』の源流になったという（若井正『自由民権義士　岩田徳義』）。

岩田のもう一つの宿題、自由党の結成は遅々として進まなかった。「美濃飛驒の二州は人民因循卑屈の者多く、殊に政治上の思想などは絶えてなき程なるを以て、先年全国の志士が国会請願の挙ありしとき、これを知らざるはただ岐阜県と沖縄県のみと世評を貰いしくらいなりしを、岐阜の岩田徳義氏が慨嘆し、濃州五郡の志士を団結して（中略）自由党総理・板垣退助氏の漫遊ありし」（『朝野新聞』明治十六年二月九日）。

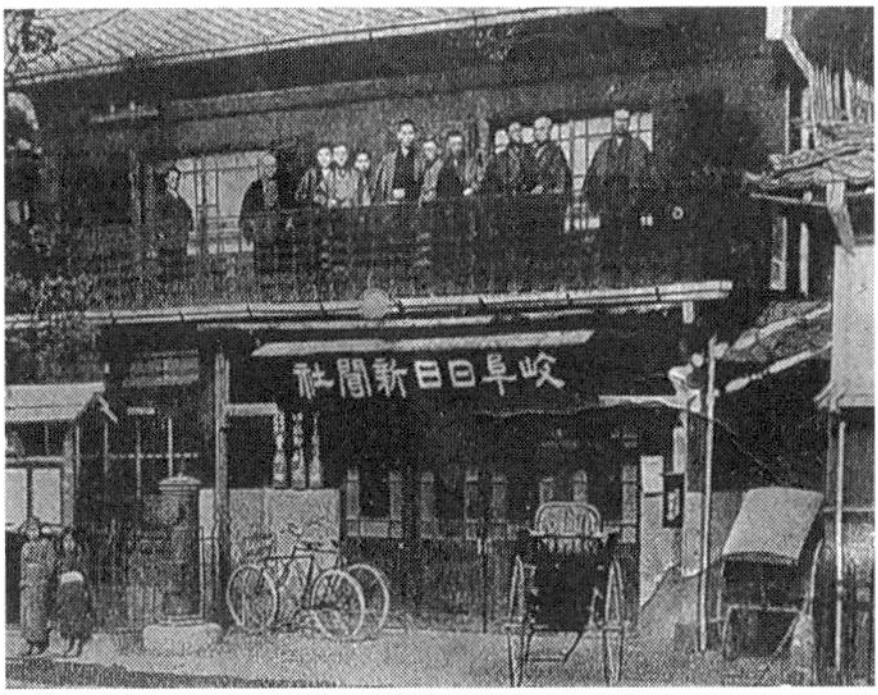

明治時代の岐阜日日新聞社

バラバラな地域と、士族と農民の民権運動が分かれている状況をまとめようとして、十五年春、岩田はついに自由党総裁・板垣退助を岐阜に呼ぶことに成功する。その直前三月末、やっと岐阜近郊の「山県郡自由党」や東農の「岩村自由党」などができ、百人を超える代表が岐阜に集まって「濃飛自由党」を結成したといわれる。「盟約」にはこう謳った。

第一章　吾党は天地の公道に基きて正理の存する所を明かにし　飽くまで自由民権を拡充して社会一般の幸福を全くすべし。

第二章　吾党は日本国をして富強文明の地位に進めて独立不羈の対面を全くし　世界各国に凌駕して其光栄を輝かす事を務むべし。

一方、伊勢亀山藩出身で岐阜県令に上り詰めていた小崎利準は、藩閥政府への忠誠心が強く、偏執的なまでに自由党を嫌っていた。「自由党を親の仇の如く忌み嫌い」「余を憎むこと蛇蝎《だかつ》の如くであって、何卒岩田を追い出したいとの念慮は絶えなかったものである」（岩田の談話『岐阜日日新聞』明治二十三年七月二十三日）。

自由党の動きに神経をとがらせていた小崎は、警官や戸長を使って各地の演説会や懇親会の発起人に圧力をかけ、参加者を脅し、取り締まった。中心的なリーダーだった岩田を徹底的にマークしていたに違いない。

初めて新聞を創った漁師ジョセフ・ヒコ

先を争って新聞を発行し、民衆を啓蒙していく自由民権運動だったが、日本人が新聞というものに出会ったのはいつごろだろうか？

通説の一つは、イギリス人貿易商A・W・ハンサードが、文久元年（一八六一年）、横浜・長崎に住んでいた外国居留人向けに出した『ナガサキ・シッピング・リスト・アンド・アドバタイザー』（後に『ジャパン・ヘラルド』）だという。また戊辰戦争中には、幕臣・柳河春三が横浜の海外ニュースから、幕府に有利な情報を集めて『中外新聞』を発行した。戊辰戦争では上野彰義隊の戦いを伝えて売れたようだ。今のB4サイズに近い半紙を二つ折りにした五、六枚の小冊子で、週五日ほど千五百部も発行した。定価は一匁、数十円程度だった。

民間人が初めて新聞を発刊したのは、元治元年（一八六四年）、ヒコこと浜田彦蔵だったという。播磨国加古郡古宮村（現・兵庫県播磨町）に生まれた彦太郎（天保八年〜明治三十年・一八三七年〜一八九七年）は、嘉永三年（一八五〇年）十三歳のとき漁船で江戸見物へ出かけたが、帰りに難破して、一七人が太平洋を漂流してしまう。五三日目にしてアメリカ商船オークランド号に奇跡的に救助され、翌年サンフランシスコに着いて大きな話題になった。その後数奇な運命をたどるのだが、アメリカでカルチャーショックを受け、英語を学び、キリスト教に改宗する。

一八五八年（安政五年）には「ジョセフ・ヒコ」と改名してアメリカに帰化し、日本人として初めてアメリカ市民権を得た。一八六二年（文久二年）には、南北戦争中のリンカーン大統領と会う機会にも恵まれたという。生まれてから身分制の世界しか知らなかったヒコにとって、同じ国内で戦争をしてまで〝奴隷制度をなくす〟というアメリカ人の考え方にどれほどのショックを受けたことだろうか。ヒコが衝撃を受けたように、このころのアメリカはイギリスからの独立、奴隷制撤廃を成し遂げた理想と活力に満ちた近代市民社会の出発点に立っていた。

「信教の自由」「言論・表現の自由」こそが、アメリカ建国の基礎だった。信仰の自由を求めてメイフラワー号でアメリカに渡った「ピルグリム・ファーザーズ」の精神を受け継いで、アメリカ独立宣言（一七七六年）を書いたトマス・ジェファーソン（第三代大統領）は、「新聞のない政府を選ぶくらいなら、政府のない新聞を選ぶ」との名言で知られ、言論・表現の自由の〝元祖〟の一人である。

アメリカ連邦憲法の修正第一条はこうだ。「議会は、国教の樹立を支援する法律を立てることも、宗教の自由を禁じることもできない。表現の自由や報道の自由を制限することや、人々の平和的集会の権利、政府に請願する権利を制限することもできない」。この宣言は、その後のフランス人権宣言、国連憲章、日本国憲法など近代市民社会共通の人権規定の基礎になった。フランスでは、カフェなどでの自由な討論による「市民的な公共圏」が、二五〇〇もの新聞を生み、大革命の土壌になったといわれる。

アメリカ人になったヒコだったが、望郷の念は日に日に深くなっていった。ついに日本に赴任するタウンゼント・ハリスに泣きついて、アメリカ領事館の通訳として雇ってもらい、文久二年に幕末の日本に帰った。あまりにも世界を知らない日本人に、世界の事情を伝えたいという思いは強かったが、〝攘夷の嵐〟の中では命の危険もあった。日本ではまだ英語もほとんど通用しない状況だった。

ヒコは岸田吟香と本間潜蔵の協力をえて、海外の新聞をひらがな交じりのやさしい日本文に直して、文久四年、『新聞紙』（翌年『海外新聞』）を出した。一民間人が出した初めての新聞だった。木版刷りで二六号まで発行したという。その後、ヒコは大阪造幣局の創設や貿易にも尽力したが、一八九七年（明治三十年）に亡くなり青山の外国人墓地に葬られた。

岸田吟香は後に『東京日日新聞』の主筆になったジャーナリストだが、幕末に来日してヘボン式ローマ字を創り、明治学院を創設したことで知られるジェームス・カーティス・ヘボンと初めて日英辞書を編んだ。ヘボンは長老派キリスト教の布教が狙いだったらしいが、日本語の発音とラテン語の発音とが似ており、五十音図を活用してラテン文字を規則的に並べれば、日本語の発音をかなり正確に表現できることを思いついた。この画期的なローマ字の発明が、西欧文化の吸収、日本文化の発信など、日本語の革命を行わずに日本の近代化、国際化に果たした価値は計り知れない。

余談ながら、吟香は中国との貿易や、液体目薬を普及させたり、清潔好きの日本人に〝ナマの卵かけご飯〟を食べさせるなど、なかなか型破りな人だったらしい。

〝公共空間のビッグバン〟とジレンマ

aibo：専制政治の基本は「知らせるべからず、依らしむべし」やし、日本も長い間それやった。民間人が新聞を出すというのは命がけやったな。プーチンや習近平がやってる言論統制は、明らかに市民革命以前の世界やな。
masa：鎖国をしてたとき、幕府は長崎のオランダ商館から年一回届く『阿蘭陀《オランダ》風説書』の情報を独占してたんや。〝世界のニュースまとめ版〟みたいなもんや。ところが黒船が来て、攘夷運動が盛んになってくると、幕府は国民を啓蒙する必要も出てきた。

aibo：イギリス公使館が焼き討ちされたり、薩摩や長州は米英に乱暴な戦争を仕掛けてコテンパンだったしな。

masa：そういう無茶な攘夷論をしずめて外国事情を知らせるため、文久二年（一八六二年）に幕府は『阿蘭陀風説書』を訳した『官板バタビア新聞』を公開した。同じく上海からの情報『官板中外新報』、香港からのニュース『官板香港新聞』などを相次いで出したんだ。

aibo：幕府自身が、支配の要である「情報の独占」を止めざるをえなくなったんだな。

masa：さらに新政府は「広く会議を興し、万機公論に決すべし」から始まる〝施政方針演説〟「五箇条の御誓文」を『太政官日誌』に載せたり、御用新聞を決めて法令や人事の情報を広報しはじめた。また民間の優れた意見を『日新真事誌』に載せたりした。こういう情報公開の一連の流れを、三谷博は「公論空間のビッグバン（『愛国・革命・民主』）」と呼んでいるけど、日本史の上では革命的なことをやった。

aibo：言論・表現の自由ができた？

masa：現代の常識で言うような「自由」じゃないけどね。政府は西欧人に恥をかかないように鹿鳴館を作ったり、トンチンカンなところもあったけど、全体に「文明開化」を勧めたんだね。〝通信大臣〟とも言える「駅逓頭」前島密は、新聞の郵送代を無料にしたし、井上馨は政府系の『東京日日新聞』『横浜毎日新聞』『新聞雑誌』の三紙を毎号買い上げて、全府県に配ってる。

まずは国策を周知し、国民の啓蒙が基本的に大事やと「新聞奨励策」を取った。さまざまな新聞での自由な意見の表明や論争が始まったんや。

多種多様な新聞を大雑把に分けると、政治的な主張が中心の「大新聞」と、大衆の娯楽に応える「小新聞」に分けられる。明治十年代の大新聞・政論新聞は、改進党系では犬養毅・尾崎行雄らの『郵便報知新聞』、沼間守一の『東京横浜毎日新聞』、自由党系では板垣退助らの『自由新聞』、『朝野新聞』、政府系の帝政党では『東京日日新聞』などが代表的だった。板垣を襲った相原は『東京日日新聞』の熱心な読者だったという。

新聞の奨励策で一番得をしたのは、政府批判をかかげて自由民権運動を進めていた自由党や改進党だった。新聞を奨励すべきかどうか、政府はジレンマに陥った。

郵便報知新聞の娯楽記事

征韓論争で敗れた板垣、後藤、江藤らが民撰議院設立建白書を出して政府を攻撃し始めると、批判を封ずるため、政府は一転して、翌年「新聞紙条例」を制定して政府批判を禁じ、「讒謗律《ざんぼうりつ》」で役人批判を許さない言論統制を始めた。

ところで大衆は、難しい論争や漢文的な記事よりも、紙面の隅っこに戯作者たちが面白く仕立てた事件記事やスキャンダル、芸能・花柳ネタを好み、それが発行の部数を支えた。娯楽記事はひらがなが多く、漢字にはふりがながついていた。挿絵が入った「絵入り新聞」や小説を載せる新聞が伸びていき、大新聞と小新聞は次第に統一されていく。

日本人は新聞が読めたのか？

ところで、当時の日本人はどれだけ新聞が読めたのだろうか？　戦国時代に来日した宣教師・フランシスコ・ザビエルは、「大部分の人々は、男性も女性も読み書きができ、特に武士や商人は際立っている」と記していて、日本の教育が進んでいることに驚いている。十六世紀末に『日本史』を書いたルイス・フロイスは、島原を訪れた際に「この地の男子・女子はほとんどみな読み書きを知っている」と識字率の高さに驚いている。江戸時代でも、さまざまな法度や触れ書き、高札などを徹底させるために、文字を学ばせることは大事なことだったし、商人には契約書・通信・両替など商売のためにも〝読み書き・そろばん〟は必須だった。農村でも、庄屋や名主、村役人ら村落の指導者層は、納税の記録、質入れの証文、農作業などのための読み書き能力は不可欠だった。

明治政府が明治十六年（一八八三年）に、府県を通じて江戸末期の寺子屋、手習い場の数を調べたところ、全国に一万五五六〇校あった。設立は江戸後期から幕末期が圧倒的に多いという。内訳は、男子校が五一八〇校、男女共学が八六三六校。一校当たりの寺子の平均数は男子四一・九人、女子一七・二人。男子に対する女子の比率は地域差が大きく、関東六一・九％、東北が八・五％、近畿が四一・三％、九州が一〇・七％、全国平均で二七・〇三％とされ、男女の教育差は歴然としていた。

一方、明治の末になると小学校就学率はほぼ一〇〇％だった。千本秀樹は、この時代の識字率の日本の平均はおよそ四〇％で、大都市の江戸では九〇％、ロンドンでは一五％だったというから、日本は世界的にもかなり高いレベルにあった。「鎖国によって日本は世界から遅れていた」と強調するのは、大久保・福澤らが〝欧化〟を進めるためのイデオロギーだという（『明治維新で人々は幸せになったのか』）。

懇親会から始まる政党・結社

国会開設が間近になっても、民権派は板垣退助、大隈重信、河野広中、大井憲太郎らがそれぞれ激しく対立していた。政府はますます取り締まりを強め、他方で指導者の一部を参議や官職へ引き抜いて、各派を切り崩していった。民権派の対立を憂いた後藤象二郎・星亨らは「小異を捨てて大同につく」よう熱心に訴え、〝大同団結、民権連合〟をめざした。

憲法制定・国会開設を控えて、後藤は各地の民権派と対話する懇親会を盛んに開いていた。演説会とならんで大事な情報交換、世論形成の場所だった「懇親会」の様子を覗いてみよう。自由党の拠点の一つ恵那・岩村町で、明治二十一年（一八八八年）十二月十八日に、後藤が招かれた懇親会の興味深い会計簿が残っている。
明細書によると、「賄《まかない》」が一人前四拾銭で、百人分で計四拾円。これは会席料理だろうか。貨幣価値は激しく変わるが、今の四千分の一と計算すると、料理代が一人前一六〇〇円くらいだろうか。酒が三斗三升六合で七円八二銭。一人平均で四合くらい飲んでいることになる！「菓子折」が一〇〇人前で五円六七銭。芸妓一七人の揚代（花代）が一六円三一銭。その他「人足四人分の手当」が一円。会場の照明になる「蠟燭七七組」が一円四一銭。「かがり火」が二円。「（後藤）伯の人力車賃」が一円三一銭、などなど経費は合計八九円かかっている。九〇人の参加者からは一円ずつ会費を取って、収支はトントンだったようだ（『美濃加茂市史』）。

aibo：「演説」というパフォーマンスは、福澤諭吉が三田演説会なんかで広げていったらしいけど、いつも演説会とセットになってる懇親会ってなんや？
masa：まあ、宴会付き政治集会ってとこかな。
aibo：政治家の懇親会なら、安倍元首相の「桜を見る会」が悪名高いな。あれは啓蒙も討論もないし、税金を使ったんやから、ずっと悪質やな。
masa：かなりの数の芸妓が入っとるのは、〝オトコの政治〟って時代かな。
aibo：〝芸妓〟って一括りに侮ってはいかんぜ。
masa：なんでや？

aibo：桂小五郎（木戸孝允）の妻になった京都の芸者・幾松（松子）が有名やけど、板垣退助の妻・清子も新橋の人気芸者・小清やったし、〝鹿鳴館の華〟として明治外交の一端を担った陸奥亮子（宗光の妻）は、新橋で小清と競ってたこともあった。伊藤博文、山縣有朋、井上馨など多くの政治家、財界人の妻も元芸者が多かった。知識や教養があっても、芸者になって家を支えた士族の娘とか、経済的自立をめざす女性の例は多かったよ（鈴木由紀子『女たちの明治維新』など）。女性たちの社会参加・政治参加の一つのコースやったんやで。

狙い撃ちされた『濃飛自由新聞』

岐阜で苦闘していた岩田徳義は、ついに明治十五年（一八八二年）六月十三日、正面から自由民権をかかげて、濃飛自由党の機関紙『濃飛自由新聞』第一号を発刊した。本社は大垣市岐阜町、第一支局が岐阜市の中心部太田町（現在の岐阜新聞社南）。紙面はタブロイド判（今の新聞の半分）四ページ建てだった。

四月の板垣事件で全国に動揺が広がるのを見た政府は、即座に新聞紙条例を改悪し、政府に逆らう新聞社主・社長に体刑を科し、新聞発行の保証金を義務化した。続いて六月には集会条例を改悪し、地方長官に「演説の禁止」「結社の解散」の権限を与え、内務卿に「結社集会」と「結社の支社の設置」の禁止権限を与えた。濃飛自由党、愛知自由党、三陽自由党や全国の結社支部もただちに解散を命じられた。濃飛自由党の同志五二人は、やむなく東京の自由党本部に入党する。しかし自由党本部も、各地の激化事件をコントロールできなくなって、翌々八四年には解党するに至る。

続いて七月十三日に出した『濃飛自由新聞』第二号、十月三日の第三号はすぐに発行停止処分にされる。翌十六年一月、小崎県令は岩田を「政談禁止」処分にし、岩田が中心になっていた『濃飛自由新聞』、『内外教育新聞』、『大垣新報』三紙の発行を禁止した。それでも岩田はくじけなかった。六月に今度は『内外教育新聞社』を創り、八月には『内外教育新誌』第一号を発刊する。何とも粘り強い、不屈の闘いだった。

しかし同誌の名目上の編集長・平石鹿太郎は岐阜県警察に拘引され、九月一日休業届を出させられる。それを予測していた岩田は、平石が取り調べを受けている隙に、こっそり印刷してあった第二号、第三号を西濃の読者たちに配達した。これに対し岐阜県警察は、無許可で配達したこと、平石の印鑑を偽造したのは新聞紙条例違反だとして、ついに十月八日岩田徳義自身を逮捕した。未決のまま〃二年間留置〃という陰険、露骨な弾圧に出た。このときの家庭的な苦衷をふりかえった岩田の言葉が残っている。


アヽこの間において絶えず余が心情を慰めたるものは死せる妻にてありしなり。およそ獄中にありし前後ほとんど三年の久しきを経たる間において、一週間ごとに必ず来て差入れものをなし、以て優に余が心情を慰めたるものは彼（妻）の心操にてありき、また獄裡に投ぜらるるや、資産蕩尽赤貧全く洗うがごとき境遇に陥りたるにも拘わらず、朝夕孜孜《しし》（努力する）として痛くその身を労し、以てわずかに少しばかりの銭を得て一家生計の道を立て、余の出獄するを待ちて厚くこれを弔いたるのも彼の勤めなりき、アヽ余はすでに老朽してなお世にあるも、彼は蚤《はや》く世を辞して北邙《ほくぼう》（墓場）に埋る（一部仮名に変換）（「岩田徳義　余が前半世紀の歴史」『岐阜市史史料編』）。

国会に失望して自由党を去る

岩田の逮捕に対し、二年後の名古屋軽裁判所の判決で桜井祥三裁判長は、「無許可配布は軽禁錮六カ月が相当」だがすでにその期限を過ぎている。印鑑偽造については証拠不十分だとして、釈放した。警察の留置は不当と認める判決だったが、この二年の間に後述する岐阜・愛知の自由民権運動のピーク「美濃加茂事件」「名古屋事件」は鎮圧されていた。岐阜の民権運動にとって、リーダー・岩田の不在は、決定的な打撃になったに違いない。

新聞への弾圧は、自由党だけでなく〝穏健派〟改進党系の『岐阜日日新聞』にも及んだ。明治十五年（一八八二年）一月から翌年六月の間に編集長は四回もの重禁錮罰金処分（内二回は「官吏侮辱罪」）を受けており、いかに小崎県令が民権論や新聞を嫌っていたかが垣間見える。

岩田は十八年に出獄後も、岐阜県自由党と本部を結ぶ中心となって働いた。憲法制定・国会開設が迫っているので、どうしても法律を学びたかった。四十歳にして設立間もない明治法律学校

（現・明治大学）の学生になって、二十二年まで五年間東京で学んだ。その後帰郷して「法律研究会」を作り、自ら憲法、地方自治、民法などの講義を担当し、『法律思想』などの雑誌にそれを載せた。そして二十七年の選挙に濃飛自由党の人々の応援で立候補したものの、あえなく落選する。

あれほど切望した帝国議会が開かれてみると、岩田の自由党への理想は吹っ飛んだ。「かつて我が党は身命を賭して国家のために尽くし」たのに、「議会開設後の形勢は大いにこれに反せり」。あれほど改革に情熱を傾けていた自由党もほかの政党同様、すべてが「名利の門に馳せて、徳義節操を問わざるありさまと化せり」。政党が政治上の徳義がないのに、立憲政体を行うなどということは「木に縁って魚を求めるに等しい」と断じた（『岩田徳義翁小伝』）。

国会議員たちに対する岩田の落胆は深かった。「科学的流行の弊や、人の品位を劣等にし、社会の体面を汚すものあるを免れず」「人心を正に帰せしむるには、今の教育制度を一変して、社会改良の基を立ち定めざるべからず」。〝文明開化〟で、日本人の道徳や品位は地に墜ちてしまったのだ。岩田はついに自由党を抜け、これ以降『麻布学館（現・麻布学園）』と『岩田図書館』の設立と運営に没頭する。今の政治家たちを見限り、未来を担う青年教育に情熱を傾け、明治三十一年から大正七年（一九一八年）まで六千余人の若者を教えたという。

「酒屋会議事件」と「天皇不敬罪事件」

岩田の「新聞事件」と並んで「岐阜の自由民権弾圧三大事件」といわれるのが、明治十五年（一八八二年）五月の村山照吉の「酒屋会議事件」と後藤秀一の「不敬罪事件」だ。

西南戦争後、さまざまな増税が行われたが、酒税も明治十一年と十三年の二回引き上げられた。自由党の植木枝盛は全国の酒造業者の不満を組織しようとした。十五年四月、京都祇園の中村楼に酒造業者を集め、全国の酒屋に呼びかけて減税の建白書を作った。政府は酒屋の団結を怖れて、何と全国の地方官に「酒屋会議の禁止」を指示した。

岐阜県方県郡安食村の酒屋・村山照吉は、植木の呼びかけに応じて「酒屋会議を開くの檄文」を県内の酒屋に回した。これを知った小崎県令は村山照吉を何回も呼び出し、これに参加するのは「国安の妨害」だ、罪になるぞと脅した。商業の自由によって酒屋を営む者が、集まって議論し減税を請願することが、なぜ「国安の妨害」になるか？　と『朝野新聞』が批判したが、四月二十九日、岐阜県警察は村山を拘束した。八月十四日、岐阜軽罪裁判所は、檄文の内容が〝官吏を侮辱し、政府の信用を損なう〟として「重禁錮一月、罰金一〇円」の判決を下した。酒屋の会議を罰するという、滑稽なほどエスカレートした取り締まりだった。

「不敬罪事件」というのは、同じ年五月、岐阜自由党の後藤秀一が、西濃・赤坂村での政談演説会で不敬な発言をしたとして、臨検の警察官が中止・解散を命じた。それだけでなく、演説事件では前例がない「重禁錮一年六月、罰金百円」という重罰を科した。理由というのは、同じ五月の別の演説会で後藤が「民権論」と題して演説したときに、国を会社に例えて「社主＝近次郎、幹事＝三太郎、幹事補＝岩次郎がわがまま勝手をすれば会社が危ない」と表現したことだった。近次郎は今上天皇、三太郎は三条実美大臣、岩次郎は岩倉具視大臣を揶揄したもので、不敬罪に当たると裁判所が認定した。

板垣事件で高揚していた自由民権運動の中心の一つである濃飛自由党を、小崎県令らが集中攻撃しているのは明らかだった。かつては〝民権運動不毛の地〟だと言われた岐阜だったが、多くの小さな芽が生まれていたようだ。

土佐では「新聞の葬式」に一万人

民権運動の演説や新聞への弾圧は、全国で行われていた。

土佐に帰った板垣は、片岡・植木・林らと立志社を立ち上げ、「天賦人権」を宣言して自由思想の啓発、知識や技術の普及、福祉の拡大などをめざした。人民主権、一院制議会、人権保障などを柱に「憲法見込案」を発表して、国会開設運動を率いた。その機関紙として『高知新聞』を、明治十三年（一八八〇年）に発刊した。あらかじめ政府の弾圧を見込んで、周到に『土陽新聞』『江南新誌』などを〝処分の身代わり新聞〟を用意して記事を書いたが、次々発行禁止になっていく。十五年七月十四日、「欽定憲法ノ不善ナルヲ論ス」との記事で、ついに高知新聞も発行禁止処分となった。

これに抗議して、「新聞の葬式を行う」と宣言し、さらなる身代わり新聞『高知自由新聞』に

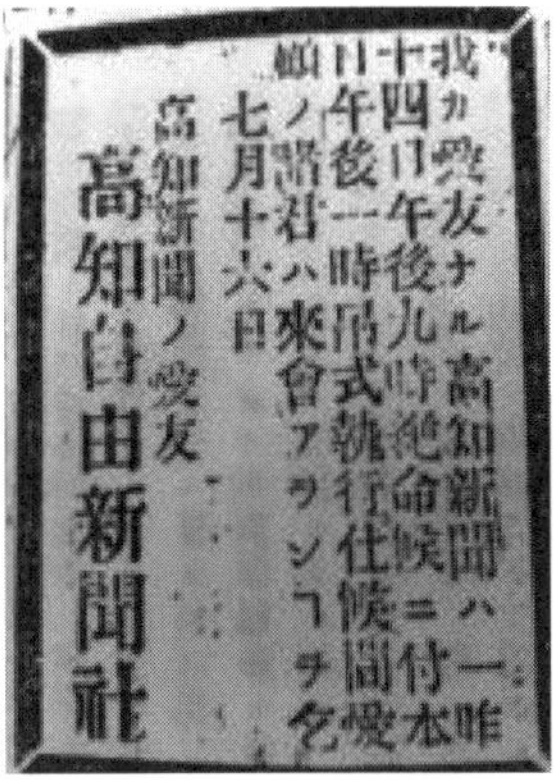

高知新聞の葬式広告

大々的に広告した。「我ガ愛友ナル高知新聞ハ、一昨十四日午後九時絶命候ニ付、本日午後一時吊式執行仕候間、愛顧ノ諸君ハ来会アランヲ乞」。高知新聞は十四日の午後九時に絶命し、今日午後一時に葬式をするので、ごひいきの皆さんは来て欲しい、との宣言だった。十六日、日本初の〝新聞の葬式〟が仏式で行われた。発禁号の新聞を棺に入れ、忌中笠をかぶった壮士、忌中提灯、位牌、僧侶、記者、愛読者ら五千人が、新聞社のある本町から五台山まで参列した。

さらに身代わりの『高知自由新聞』さえ二十一日に発行禁止になり、二回目の新聞葬を行った。その会葬者は何と倍の一万人にも上ったという。

今も高知市五台山には上り口に、「新聞の葬式」記念碑が建っている。ちなみ高知自由党は翌年に解散させられた。

aibo：専制権力のヒステリーや暴力は、古今東西変わらんもんやな。

masa：専制政治と闘うときは、言論・表現の自由は決定的に大事だよね。イギリスの新教徒が王政を倒したとき、アメリカの植民地が大英帝国から独立したとき、ミャンマーや香港の民衆が圧政と闘ってる現在もね。

aibo：権力の横暴に対する土佐人の抵抗はすごいね。政府による明治二十五年の「選挙大干渉事件」に対しては、全国で最も激しく闘って、一〇人もの死者を出してるんだ。明治憲法にも一応「日本臣民ハ法律ノ範囲内ニ於イテ　言論著作集会印行集会及結社ノ自由ヲ有ス」とは書いてあるよな。

masa：今の「集会・結社、言論・出版その他一切の表現の自由（憲法二一条）」は、「思想・良心の自由（一九条）」「信教の自由（二〇条）」と同じく、GHQ主導の新憲法成立からやね。戦後民主主義にとっては、核心的な権利だよね。ただ、このリベラルな思想の底には、〝近代史の勝者〟である欧米人や白人男性、キリスト教徒の価値観なども潜んでることも見落としちゃいかんよな。

aibo：アングロサクソンやプロテスタントに抑圧されたり、勝者の陰になってる女性や黒人、アジア人、イスラムとかの立場が軽視されてるんじゃないかと？

masa：もうイッコね、新聞・テレビなんかのメディア企業が唱える〝言論の自由というスローガン〟もクサイんだよね。現実には政治と癒着してこっそり儲けてるメディアや〝ジャーナリズム〟がいっぱいあるしね。

aibo：ウクライナ戦争での反ロシア大合唱も、よく考えないと結構ヤバイよね。

masa：特定の行動を正当化する宣伝・広報や、情報操作をビジネスとするメディアもたくさんあるしね。愛国と正義の仮面をつけた戦争報道はいつでも儲かるんだよ。

言論・表現の自由は実現したのか？

さて文明開化時期の、さまざまな西洋事情の情報、政治家・知識層による「演説」や「新聞」は、近代化にどんな役割を果たしたのだろう？

まずは、長年にわたる封建制・身分制から脱出するため、演説や新聞はあらゆる基礎的な情報・知識・技術が得られる、いわば〝ドラえもんの魔法のポケット〟であることを国民が知ったことだろう。鎖国と軍事政権による独占で、それまで知らなかった生物・医学・物理・化学・気象・天文などのあらゆる科学の知識や法則や、「万国公法」に典型的な国際関係・法律・ビジネスなどの社会的知識やルールが、新時代と国際社会に生きようとする誰もに開かれた。演説会や新聞に殺到した人たちは、強制的に学ばされたのでなく、時代の桎梏から解放される情報を求めたのだった。

第二に、演説や新聞は何でも言える「公論のルツボ」になったのであり、公共の「言論空間のビッグバン」だった。「五箇条のご誓文」にある公論を展開できる場所であり、「民撰議院設立建白書」を「封建制・天皇制に代わるマニフェスト」（松沢裕作『自由民権運動』）として公開したり、全国に議論を起こすことも可能な画期的な民主主義の装置になった。この開かれた公論の空間が、憲法制定・国会開設への世論を決定的にした。

ただしDemocracyを「民主主義」と訳した肥塚龍《こいづかりゅう》や西周《にしあまね》の頃は、民主主義は「民が主」の意味ではなく「民の主人（は天皇）」として用いられたという学説もある。明治・大正期には「民主主義」という言葉はほとんど使われず、戦後、それも近年の民主党結党ごろから一般的になってきたともいう（野口忠彦「民主主義は適訳か」『拓殖大学論集』13巻）。

ただ現在からすれば、ナショナリズムの熟成とともに出来ていった「国民国家」や「国民的合意」には、人権に対する視点が希薄だったこと、「シティズンに向かうよりネイションに向かう」ポテンシャルが高かった（三谷博『愛国・革命・民主』）ことで、アジアへの拡張主義が強くなり軍事国家へ向かっていったことは広く指摘されている。

いったん強いナショナリズムや愛国主義的な感情にとらえられると、日本の同調圧力は際限がなくなる。例えば日露戦争では、ほとんどの新聞や世論が圧倒的にロシアとの開戦を主張した。長く反戦論を唱えていた『萬朝報《よろずちょうほう》』さえ開戦論に転じ、内村鑑三・幸徳秋水・堺利彦らは退社して『平民新聞』を出して非戦を主張したが、政府はこれも発行禁止にした。

権力の嘘を暴き、公平・平等な社会にしたいという動機で始まった報道であっても、その報道が事業になり利益を求めるようになれば、多くの落とし穴が待っている。「特ダネを取りたい。手柄を立てたい」というジャーナリストの本能的ともいえる競争意識は、悪意ではなくとも、ミスリードにつながることが少なくない。

また新聞と読者、ジャーナリズムとオーディエンスの暗黙の共犯関係も見逃せない。センセーショナルで通俗的な見出しや物語は、多くの読者・視聴者をとらえる。愛国主義だけでなく、判官びいきや勧善懲悪などの、情緒的でステレオタイプなストーリー、多数の読者・視聴者に迎合する報道や解説は、しばしば誤った認識や判断をもたらす。〝売れる画面・紙面〟を誘導し、経営的な立場が倫理的な立場に優先することになる。僕は自分が働いてきたテレビ報道の仕事を顧みて、つくづくとそう思う。

権力に迎合する場合だけではない。「国家＝加害者＝悪。市民＝被害者＝善」という決まりきった図式で、民族紛争などでの歴史的な経緯や複雑な実相を単純化するのも、プロパガンダに劣らず危険なものだろう。紛争の原因は多くの場合多面的だが、「正義か悪か」という単純な構図は、思考を停止させ、粘り強い対話や責任ある自己決定を避けて、より大きな権力者の出現を期待させる場合もある。

三、王政復古という蜃気楼を追って
――旗本・坪内高国の生涯

軍都に変貌した各務原

近ごろとみに〝きな臭く〟なってきた日本の空。岐阜県各務原《かかみがはら》の「自衛隊岐阜基地」は、自衛隊基地としては最も古く、航空自衛隊で使う航空機などの試験を行う部隊と、「第四高射群司令部」が置かれている。高射群というのは、飛来する敵のミサイルや航空戦力を長射程の地対空ミサイル「PAC3」(愛称・ペトリオット)などによって迎撃する使命を持ち、第四高射群は主として中部と関西の都市や軍事基地・軍需産業を守る任務があるようだ。

各務原に隣接する岐阜市の我が家は、ほぼ毎日決まった時間に、ゴーッという鋭い自衛隊機訓練の騒音に悩まされている。どこかから核攻撃があったら、ひとたまりもないと心が縮む日々だ。実は基地の歴史を紐解いていくと、意外なことに美濃での初期の自由民権運動を率いた元旗本・坪内一族が、この軍都を建設した〝功労者〟だという。なぜ、自由民権運動が軍都につながったのだろうか？

関ケ原の戦い以来、各務原を支配してきた旗本・坪内氏は、幕末にこの地を砲術演習場とした。その後、陸軍第三師団砲兵演習場にされ、大正六年（一九一七年）に所沢にあった日本初の軍用飛行隊と合流して「各務原航空隊」になり、さらに昭和八年（一九三三年）には帝国陸軍第一飛行団司令部が置かれた。「零戦」の開発基地としても知られ、大ヒットした宮崎駿のアニメ『風立ちぬ』には、軍需産業には似合わない各務原の美しい風景が活写されている。

そして米軍の大空襲と敗戦の後、アメリカ海兵隊が接収して「キャンプ岐阜」となり、朝鮮戦争の主要な補給基地になった。基地周辺は特需景気の恩恵も受けたが、米兵による暴行や交通事故、性犯罪も多く、住民から強い基地反対運動が起きた。一九五八年、海兵隊は戦争や犯罪などの構造を抱えたまま沖縄・辺野古へと移転していった。

各務原基地は日本に返還されたものの、ベトナム戦争中は米軍機や戦車、武器の修理・補給を担っていて、血なまぐさかった。一九七〇年には、全国の航空自衛隊基地に米軍の核ミサイル「ナイキ・ハーキュリーズ」の改良型「ナイキＪ」が配備されて、核兵器の基地に転用されることを危惧する内外の反戦・平和運動の団体や、ベ平連、労働組合、大学自治会などの抗議デモが押し寄せた。

当時ＮＨＫ岐阜局のディレクターだった僕とA記者は、「波紋よぶナイキ基地計画」というニュース番組でナイキ配備の危険性を指摘したが、上司は「政府批判をするな」としつこく求めてきた。しかし各務原市の財政には、すでに「基地周辺整備法」によって防衛庁の助成金が組み込まれており、五億円を想定する新市庁舎建設費が当て込まれ、ナイキ配備は既成事実になっていた。

〝天下分け目〟の各務原

各務原は扇形の濃尾平野の要にあたり、古来、軍事的・政治的に重要な位置にあった。飛鳥時代を開いた大海人皇子の「壬申の乱（六七二年）」、鎌倉幕府を揺るがせた「承久《じょうきゅう》の乱（承久三年・一二二一年）」、関ケ原の合戦の前哨戦「米野の戦い（慶長五年・一六〇〇年）」など、いくつもの〝天下分け目の戦い〟に、地理的位置から各務原は深く関わってきた。

古代史上最大の戦乱・壬申の乱の勝敗を決めたのは、各務郡（各務原）の豪族・村国連男依《むらくにのむらじおより》の活躍だった。『日本書紀』によれば、天智天皇の死去によって大友皇子《おおとものみこ》からの攻撃を察知した天智の弟・大海人皇子は、吉野に逃れて挙兵した。伊勢から美濃へと進むにあたり、男依ら三人の舎人《とねり》（側近）を美濃に先行させた。男依は自分の領地だった岐阜県西部の安八郡や各務郡の兵三千を率いて関ケ原の東・不破を塞いだため、大津の大友皇子は東国と遮断された。他方、白村江《はくすきのえ》の戦い（六六三年）などに疲弊していた西国の兵たちは参軍するのが遅れ、大友皇子は孤立して自害に追い込まれた。

また「承久の乱」から八百年記念として放送されたNHK大河ドラマ『鎌倉殿の13人』でも、

各務原の「摩免戸《まめど》（現・前渡）」が決戦の舞台の一つだったとされた。さらに時代を下った「関ケ原合戦」では、前哨戦と思われていた「木曽川・岐阜城攻防戦」が事実上の決戦であったことが、近年の研究で明らかになっており、各務原の地政的位置にスポットが当たる。

　木曽川沿いに土着的な勢力を持っていた〝川並衆〟と呼ばれた土豪たちは、川の形勢を熟知していたために、関ケ原決戦を控えた東西両軍に重用された。以前信長に仕えていた川並衆の一人、各務原・松倉城主坪内利定は、関ケ原では四人の息子と五〇人の鉄砲隊を率いて、徳川方・井伊直政に従った。坪内親子はそれぞれが傷を負いながらも、鉄砲を活用して奮戦したことで家康に認められた。領地も大幅に加増され、尾張の葉栗郡、美濃の各務郡に、一族合わせて六千五百三十三石を与えられた（坪内健治編『旗本坪内氏のこと』）。実はこの坪内家をたどっていくと、幕末から維新への動乱と、坪内高国が率いた自由民権運動の意外な素顔が見えてくることになる。

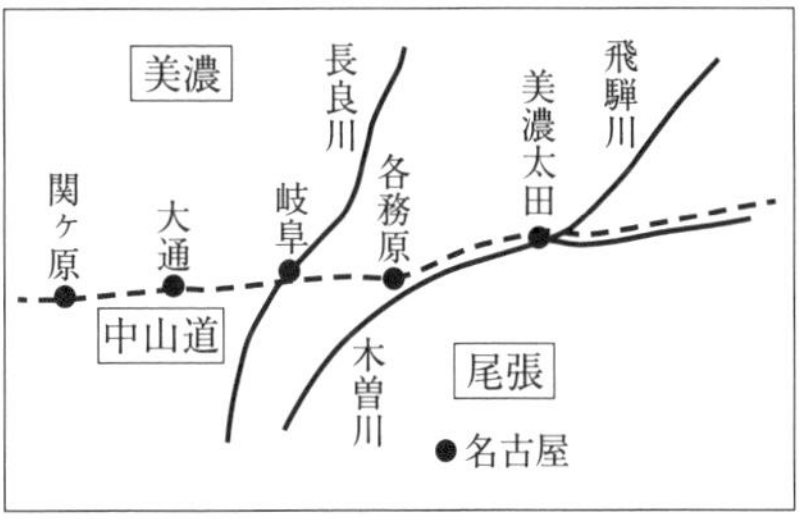

木曽川を挟んだ尾張と美濃

直参旗本になった坪内氏

　家康は、要所に御三家や親藩・譜代大名を配して、江戸防衛を万全のものとする。美濃の三割を幕府直轄領として、笠松と飛騨に代官所を置いた。濃尾平野には尾張徳川以外の大名をほとんど置かず、七〇家の旗本に分割した。北に中山道、南に木曽川を見下ろす枢要の地である各務原には、直参旗本として坪内氏と徳山氏を配した。同様に、尾張徳川は美濃太田に代官所を置いて、美濃国中部・東部を支配し、交通・物流・情報の動脈である中山道筋・木曽川流域を管理した。

この巧みな分割支配は、美濃に政治的・精神的な核心集団を作らせず、結果的に美濃は精神的・文化的な共通性がきわめて希薄で、臆病で〝モノ言わない〟風土になってしまった。岐阜で何事か改革しようとする現代の人たちも、残念なことにいつも岐阜人の封鎖性・保守性という壁にぶつかるといわれる。

さて坪内宗家の利定は直参旗本に取り立てられ、もともとの領地である各務原・新加納に陣屋を構えながら、長男・家定とともに江戸城内の屋敷に常駐して、代々、鉄砲頭、城番、火消し役、勘定奉行などを経て出世していった。次男・定安は前渡に、三男・正定は平島《へいじま》に、四男・安定は三井《みい》にと、いずれも現・各務原市南部に分家して領地と屋敷を持った。後に宗家の十代・保之《やすゆき》は伊豆守となって将軍・家茂、慶喜に仕えて幕府の終焉を見守るほどの重役になった。一方同じ兄弟だった三分家は各務原に止めおかれ、宗家と次第に離れていくことになる。

鎌倉武士の誇りを背負って

坪内氏の先祖は、弁慶の立ち回りで有名な歌舞伎「勧進帳」の加賀・安宅関《あたかのせき》の関守になった鎌倉の御家人・富樫《とがし》家直だったと伝わっている。義経主従の〝奥州落ち〟を見逃した罪で、頼朝の怒りを買って守護職を追われたのだという。富樫の末裔は後に各務原・松倉に土着して坪内と改名し、〝鎌倉武士としての誇り〟を胸に、信長・秀吉・家康の支配を巧みに生き抜いてきた。今も近隣に富樫名は少なくない。

坪内氏の決定的な強みは、鉄砲・大砲を自在に扱えることだった。坪内高国が書いた詳細な系図的記録『本国加州富樫庶流坪内家一統系図並由緒』（以下『坪内由緒』）によれば、坪内利定は関ケ原では「秀吉ノ播州高倉城攻メニ際シテ、伊賀・甲賀同心鉄砲百人、蜂須賀又十郎明組・伊賀者百人、根来十人、自分ノ鉄砲七十挺、都合二百八十挺」を率いて、東軍に参陣して戦功をたてた。

これだけの鉄砲を動かせたのは、木曽川に面する領地・松倉から伊勢・堺・大坂へとつながる水運の利だという。江戸に幕府を開いた家康は、岐阜城を廃止して中山道を抑える加納城を作り、坪内氏、徳山氏を直参旗本として幹線・中山道の警護を命じた。坪内氏の責任は重かった。

坪内一統の歴史は『坪内由緒』以外にも、宗家や各分家の記録も残っている。それらによれば、坪内一族の関係は必ずしも穏やかなものではなかった。一族の最大の矛盾は、新加納の宗家と、前渡・平島・三井の三分家が「併せて旗本」にされていたにもかかわらず、宗家だけが江戸屋敷や役職を与えられ、三分家は将軍への目通りもできなくなり、次第に宗家の下働きをさせられて〝家来〟扱いされていったことだった。

江戸中期、享保十五年（一七三〇年）には、宗家が三分家に対してそれぞれ百五十石を返上するよう迫った。これに対抗して翌々年、前渡・平島の両坪内が幕府に「家格」を再吟味して、宗家と対等の旗本にするよう訴え出た。宗家と分家の間には厳しい対抗意識が積もっていったようだ（松田利之「資料解説　旗本坪内氏の宗家と内分家」など）。

将軍を守った宗家と官軍に参じた分家

そして迎えた大政奉還・戊辰戦争の激震。御三家や親藩は、幕府軍につくか朝廷軍につくか大混乱になった。御三家筆頭という立場で苦悩した尾張藩は、慶応四年（一八六八年）一月二十日、筆頭家老・渡辺新左衛門ほか一四人の佐幕派重役を〝だまし討ち〟のように斬罪し、二〇人を禁固・隠居させて新政府に帰順した。悲惨で後味の悪い尾張藩の決断だった。この恨みは長く残った。渡辺家の家紋が「青松葉」だったことから、「朝風におもひかけなし青松葉　吹き散らされて跡かたもなし」との狂歌が詠まれ、「青松葉事件」と呼ばれた。藩士たちはこの過酷で不条理な時期を、どう生きたのだろうか。

坪内一族の方針も分かれた。江戸が無血開城した一月二十四日の夜明け前、将軍の側近だった宗家・坪内伊豆守保之は、やつれて髭を伸ばすにまかせた徳川慶喜の江戸脱出を、清水門まで見送った。「仰ぎ見ること能わず、嗚咽して相別れたり」（大佛次郎『天皇の世紀』）。そして保之は領地没収、謹慎処分となった（同年秋に本領安堵）。

一方、分家の動きは素早かった。前渡・坪内十一代昌寿はペリー来航（嘉永六年・一八五三年）

を知ると、各務原の不毛の原野・各務野を〝外国船打ち払い〟のための「大砲稽古場」にするよう幕府に願い出て許可され、新政府にも許された。今からふりかえれば、各務原が現在に至る軍用地になっていく重要な端緒だった。

前渡・昌寿は幕末の慶応二年、弟と家臣を連れて江戸に出て、鉄砲の使い手を採用したり、幕府の勘定奉行・小栗上野介とも会見する。いち早く情勢を見極めようとしたのだろう。そして戊辰戦争が始まるや否や、慶応四年二月二日、前渡・昌寿と平島・高国は、名古屋城へ駆けつけて「勤王の証書」を提出して朝廷への忠誠を誓った。二月十日には、大垣まで進軍してきた官軍の副総督・岩倉八千丸（岩倉具視の三男）に面会し、「本領安堵」の証書を手に入れただけでなく、昌寿は朝廷軍の「大砲方頭役」となって江戸まで従軍した。こうして坪内一門は、戊申戦争の最初の大波を巧みに乗り越えた。

さらに昌寿は明治二年（一八六九年）、朝廷へ出仕のため一家で京都へ移住し、御所の玄関番や京都府の工商係などを務めるなど、幕臣から転身を図った。しかし薩長の政治は甘くはなかったようで、明治十八年には京都を引き上げ前渡に帰ってきた。

『坪内由緒』をはじめ関連文書には、この激動期の数々の事件、例えば中山道を通った赤報隊の相良総三たちの悲劇的顛末、新選組・近藤勇召捕りのこと、幕府の重鎮・小栗上野介処刑のこと、彰義隊の上野戦争のことなど、容赦なく進められる新政府の過酷な措置が記されていて興味深い。そしてそれらの〝不条理な維新〟を間近に目撃していた坪内高国は、十五年後、数奇な運命をたどって美濃の自由民権運動を率いることになる。

aibo：王政復古・戊辰戦争じゃ、尾張はじめ御三家も親藩も、相当悩んだようやな。

masa：そりゃそうや。二百六十年の幕藩体制転覆やからな。王政復古のドタバタはさまざまに解釈されるけど、近年は結局倒幕派公卿と、薩長土連合、尾張・越前・安芸藩による陰謀的クーデター、革命だと解釈されてるようやな。

aibo：鳥羽伏見の戦い以後は、奥羽越列藩同盟以外は、新政府に帰順したというより、藩論が統一できんかったんだろ。

masa：戊辰戦争の直接の犠牲者以外にも、尾張藩みたいに藩内で粛清されていった人たちは少なくないやろな。

aibo：薩長への恨みやら不信が、その後新政府に対する士族の反乱やら、自由民権運動にも間接的につながるんだろうな。

masa：各藩ともいろいろ苦労したけど、その点尾張藩は藩士の面倒をよくみたと思うよ。藩士たちを北海道八雲（札幌の南・現八雲町）に入植させ、自作農を育てて開拓を成功させていったんだ。八雲には今も名古屋弁も残ってたり、名古屋市も長い間援助を続けたようやね。

博徒たちを手なずけて戦った戊辰戦争

撃剣興行絵図

尾張藩は幕末になると、長州征伐の総督や京都市中取り締まりを命じられて、財政事情も切迫する。藩士の数も足りなくなって、庄屋や有力農民に権限や武器を与えて、「非常守」という草莽隊（農民兵）を編成して、日ごろから木曽川など藩内の河川の取り締まりや街道の警護などに当たらせた。戊辰戦争が始まって官軍に加勢を迫られると、尾張藩は自らの藩士は温存するため妙案を考えた。清水次郎長らと競い合って〝ケンカ慣れ〟している尾張・三河の博徒集団、平井一家・北熊一家などを手なずけて、「集義隊」「磅礴隊《ぼうばくたい》」などの草莽隊を編成した。その他の農民兵らも加えた「尾張藩草莽隊」、計七隊四三九人を〝臨時の士族〟に仕立て、藩兵に加えて合計およそ二千人を官軍側に付けた。

草莽隊員たちは激しい東北戦争を戦い抜いてやっと帰郷したものの、〝戦争が終わったら士族に取り立てる〟という約束は反故にされて「平民」に戻された。また明治四年の解散まで、各地の農民一揆の鎮圧にもしばしば駆り出される。岐阜県可児・加茂郡一帯の草莽隊「衽革《じんかく》隊」は、高山騒動やさまざまな一揆の鎮圧にも当たって苦労した（若井正「加茂・可児地方草莽運動史」『岐阜史学No六七』）。

報われない旧草莽隊員たちの不満は大きかった。特に集義隊・磅礴隊員らは廃藩置県後も武器を手放さず、「撃剣会」を作って「撃剣興行」で身を立てながら、正式の士族への編入と禄（給与）の支給を求め続けた。六年間執拗に請願を続けて、西南戦争後、一部でそれが叶うのだが、この撃剣会とその政治組織「愛国交親社」を率いたのは、旧・尾張藩士、荒川定英や庄林一正である。愛国交親社の実態はバラバラだったが、「税が免除される」とか「禄が復活する」などのウワサで集まった社員はたちまち三万人近くに増えていった。

社長・荒川定英は、前渡・坪内の家系でもあり、また戊辰戦争では美濃一帯の有力者たちを勤王にリードした功績で、尾張藩岐阜奉行に任じられていて坪内高国とは懇意だった。副社長・庄林一正もかつて高国の妻・千勢の実家の用人を務めていたことから、高国は愛国交親社に誘われ、「美濃組幹事長」に奉られた。高国には勤皇の思いが強かった。

博徒民権運動と「名古屋事件」

一方、愛知県三河の旧・重原藩（現・刈谷市）の家老・内藤魯一《ろいち》は、維新の後、周辺の豪農・豪商と協力して民権結社「三河交親社」を創る（明治十二年・一八七九年、その後「愛知県交親社」）。藩士の授産、農地や水路の開発などに熱心に取り組んだ。自由党に加入して常議員となり、『愛岐日報』に独自の自主憲法草案を発表するなど、〝三河板垣〟とも呼ばれる指導者になった。大阪での愛国社第四回大会（後の国会開設期成同盟）に参加するが、同じ社内でも民権確立をめざす三河の内藤らに対し、〝尾張組〟荒川定英・庄林一正らは復古主義で、武装士族による旧体制の復活を狙っていた。

荒川らは定期的に撃剣会を催すなど示威行動で団結を強め、内藤らと袂を分かって、名前が紛らわしいが「愛国交親社」を創った。彼らの中には自由民権を叫んだ一部のインテリ党員もいたのだが、生き延びていた元集義隊・磅礴隊の博徒たちも少なくなかった。

居場所や収入を失って追い詰められた交親社尾張組は、自由民権・政府転覆のための資金集めを名目に、明治十六年から二年半で五一回もの強盗事件（名古屋事件）を繰り返す。十七年八月、行動をエスカレートさせ西春日井郡平田村で警官二人を殺す「平田橋事件」を起こす。これは社会に大きな衝撃を与え、交親社員らが順次逮捕されていき、二三人が有罪に、首謀者・大島渚ら三人が死刑判決を受けた。

名古屋事件の罪で、愛国交親社は名古屋警察署から「結社取り消し」命令を受ける。この取り消し命令直後に、交親社の岐阜県側の加茂郡副幹事長・小原佐忠治ら数百人が「地租百分の一に軽減、諸税の廃止、徴兵令廃止」を求めて、美濃加茂の富士山に立てこもるのだが、このいきさつは次章で述べる。蜂起の直前、美濃加茂の伊藤初次郎が岐阜市の高国に参加してくれるよう説得に来たのだが、高国は同意しなかったと記している。

各地の急進的な自由民権運動に、博徒が混じっていることを知った政府は、同年、厳しい「賭博犯処分規則」を制定して容赦ない〝博徒狩り〟を行った。こうした一連の事件によって、〝博徒民権運動〟とでもいうべきユニークな東海地方独特の自由民権運動は消滅した。これらの多面的で複雑な自由民権運動の全貌は長い間謎に包まれていた。その全体像を掘り起こしたのは、故・長谷川昇（東海学園女子短大教授）だったが、「美濃加茂事件」とともに次章で触れる。

よみがえった坪内陣屋

坪内氏一族の詳細な系譜や愛国交親社との関わりを知る貴重な文書『坪内由緒』が、坪内一族の菩提寺・少林寺（各務原市）に残されていると各務原市文化財課に教えてもらった。「平島・坪内」の十二代・高国自身が晩年に書いたもので、市の歴史民俗資料館が復刻している。古い家によくある単なる〝巻物系図〟ではない。坪内一統が、鎌倉時代から江戸時代・明治維新までを生き抜いてきた波乱万丈の詳細な物語や、世の中の出来事、高国自身と家族の行動記録とその感想が、几帳面な細い筆でぎっしりと書き込まれている。辞書のような『坪内由緒』はなんと千三百ページにも及ぶ。高国が亡くなった後も、息子・定年が書き継いだらしい。

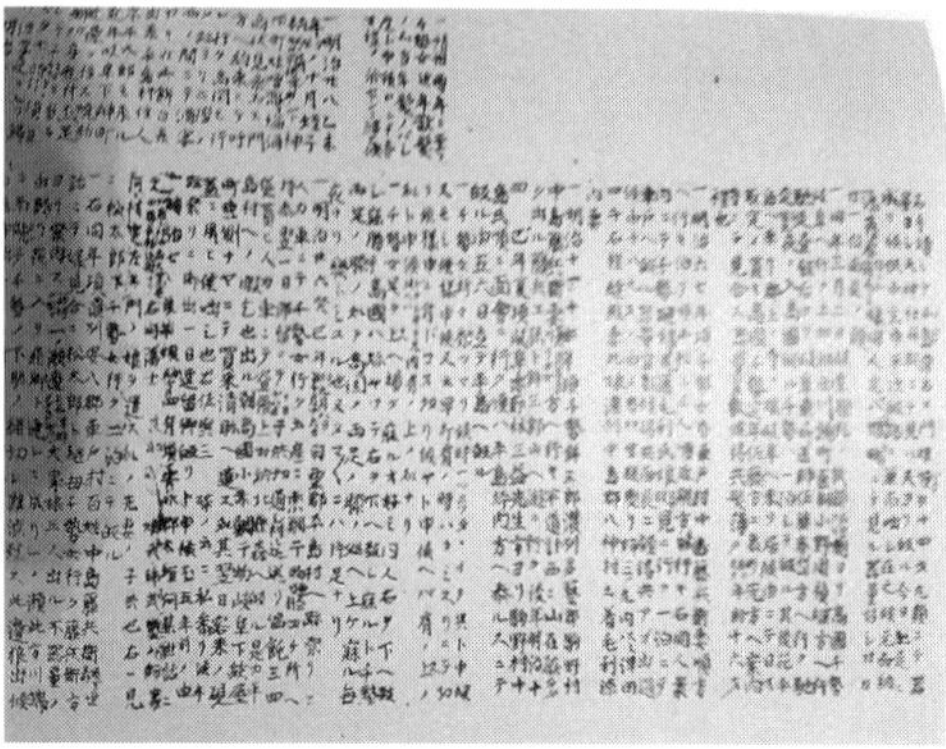
坪内由緒（坪内家菩提寺・少林寺蔵）

　坪内高国はなぜ自由民権運動に加わったのか？　激動の幕末から明治をどう生きたのだろうか？　一族の末裔が健在なら、直接ファミリーヒストリーを聞くことはできないだろうか？　例によって妄想が膨らんだ。各務原内外には坪内姓は少なくないので知人・友人などに手当たり次第に訊いて回る。やっと「岐阜学会」の丸山幸太郎さんと「笠松を語り継ぐ会」の高橋恒美さんから、高国の「平島・坪内」（＝三男・正定系）ではないが、「前渡・坪内」家（＝次男・定安系）の末裔・坪内健治さんがご健在との朗報が届いた。恐る恐る連絡を取ると、各務原市新加納に最近できた「坪内陣屋公園」でお会いできることになった。

その日は快晴ではあったが冷たい風の中、車を走らせる。旧中山道の鵜沼宿と岐阜市の加納宿の間、「鉤の手」（クランク状）に曲った街道のひっそりとした新加納の一帯が、旧「間《あい》の宿」だったところで、その中心に旗本の坪内陣屋が置かれていたという。

かつての坪内陣屋の門（岐阜市上宮寺）

「新加納まちづくり会」は長い間、各務原市と協力しながら、『坪内由緒』など古文書の解読、街並みの整備・保存、陣屋の復元などを進めてきた。二〇〇九年（平成二十一年）からの区画整理を契機に発掘調査も進められ、陣屋とその周辺の様子もだんだん分かってきた。今では要所に標識や案内板が置かれ、二〇二一年（令和三年）、物見櫓や資料を展示した回廊、資料館からなる念願の陣屋が完成した。

木の香も漂う新築の陣屋には、前渡・坪内の末裔である坪内健治さんと、まちづくり会の小島秀俊さん、今尾真治さんが来てくださった。坪内さんは郷土史家でもあり各種資料の編集や、古文書講座も担当されている。挨拶もそこそこに質問を繰り出した。

膝に妻の足をのせて

坪内高国は文政七年（一八二四年）、宗家・定静の三男として江戸屋敷で生まれた。しかし恵まれた境遇とはいえなかった。『由緒』によれば、父は精神を病んでいて頼りにならなかったし、父が高国に残した金銭も、用人・牧右衛門に横領されたと記されている。文政十年、まだ三歳だった高国は、息子がいなかった平島の分家・坪内定通の一人娘・繁の婿養子に出された。実際に岐阜・各務原に入ったのは、六歳のときだった。妻・繁は三歳年上であり、面長の美人で身長も気位も高かった。遠慮がちな高国は絵に描いたような婿養子として、いつも繁に圧倒されていた。

高国の世話をしてくれるのは江戸からついてきた守役・喜瀬だけで、家族的な居場所はなかったようだ。繁が初めて娘・延を産んだのは、それから二十一年後の嘉永四年（一八五一年）、繁が三十歳になってからで、長男・定年を産んだのはさらにその四年後である。この遅い出産は、「二人の溝を証明しているといえないだろうか」と、高国研究家・高橋直子は指摘する。高国は孤独だった。

文久元年（一八六一年）妻・繁が四十歳で病死し、高国はやっと繁から〝解放〟されて一家の主になり、翌年、尾張の用人・富永孫四郎の妹・千勢と再婚する。高国三十八歳、千勢二十四歳だった。この結婚が高国の人生を蘇らせた。翌々年に次男・鐐次郎、慶応元年に三男・鉼三郎を得る。

千勢との仲は、繁とは大違いだった。二人で渋柿を剝いたり、寝室での睦まじいシーンがていねいに記されている。

「千勢女、夜多分ムク。高国少々ムク。ヨロシク甘干柿出来。又千勢、甘酒ヲ製ス。極上品。」

仲良く柿の皮を剝き、文字通り甘い酒を酌み交わす風景がほほえましい。寝室での様子はこうだ。

「千勢女、足ヲ上へ揚ケ寝ルヲ好ミ、同人右ヲ下へ致シ寝勝手、高国ハ跡ヤッテ右ヲ下へ致シ寝ルト、千勢、両足ノ膝ノ処へ上ゲ寝ル。毎夜ナリ。楽ト見ユル也。」

武闘派・高国が、千勢の前では初めて重かった鎧を脱いでリラックスし、人間的なホンネを語っていてほほえましい。

維新で没落していく高国

高国のハネムーンのような幸せな景色は、四十三歳で迎えた明治維新で吹き飛んだ。戊辰戦争が勃発するとお家安泰のため、前述のように高国は前渡・昌寿とともに東奔西走することになる。そして明治二年（一八六九年）、領地を朝廷に奉還することとなって、由緒ある「旗本坪内氏」はついに消滅してしまった。家屋敷は次第に取り壊され、土地は田畑に換金されていく。明治四年、秩禄がなくなった高国に代わって、千勢が針の師匠になって家計を支える。

四十五石分の「家禄・金禄」も廃止されてしまった明治七年、高国は五十歳で長男・定年に家督を譲って隠居する。ちなみに家督とは、明治から終戦直後まで行われた相続制度で、基本的に「長男がすべての財産を相続する」ルールだ。

村人たちには武士に対する長年の恨みが積もっていた。坪内家に残っていた僅かな遺産である墓地も、村人たちが石碑を倒したり、地蔵を割ったりした。墓の立木の松を「学校建設のために寄付せよ」と引き抜かれてしまう情けない様子が、『坪内由緒』にびっしり書かれている。高国はやるかたない憤懣を抱えていく。

「士族」とは名ばかり。生活は日に日に困窮していく。もちろんそれは高国ばかりではなく全国の士族に共通する運命だった。明治七年（一八七四年）「佐賀の乱」、同九年の「神風連の乱」「秋月の乱」「萩の乱」、そして十年の内戦・西南戦争に至る……。

天皇の巡幸を警護した高国

歴史的・民族的に〈天皇による統合・支配〉の正統性を確立しなくてはならなかった政府は、明治期を通じて、日帰りを含めて九七回もの天皇の巡幸を行ったが、一カ月以上かけた全国行脚は六回にもなった。地方行政官や名望家と懇談することや、民衆の〝生き神信仰〟と結びつけて、天皇の絶対的権威を拡大・粉飾していった。神格性を可視化するために、「日の丸」「君が代」「御真影（天皇の写真）」「（天皇陛下）万歳」という〝四点セット〟（牧原憲夫）が演出された。それは次第に国民を統合する装置として威力を発揮していった。

三回目の巡幸は、深刻な内戦が終わった「西南戦争」後の明治十一年（一八七八年）秋、信越・北陸・東海へ出かけたもので、八月三十日から十一月九日まで七十二日間も費やしている。主な随員は右大臣・岩倉具視、宮内卿・徳大寺実則、大蔵卿・大隈重信、陸軍少輔・大山巌、工部卿・井上馨、大警視・川路利良などおよそ八百人近い大行列で、改めて天皇の権威を天下に知らしめるイベントだった。

北陸の悪天候と三重でのチフス発生によって予定を大きく変更しつつ、岐阜へ到着したのは、東京出発以来五十四日目の十月二十三日。岐阜では、県令・小崎利準以下、地元の名望家が総動員される中、坪内家も当主・定年と弟・鉼三郎、母・千勢が天皇に「拝見」したと記されている。天皇は翌二十四日は学校を視察し、高国は午後、真宗大谷派東御坊（現・東別院）で名代・岩倉具視に「拝見」する。

明治 11 年行幸の図（富山）

その夜、天皇は〝お忍び〟で長良川鵜飼を楽しんで、高国は警護にあたったらしい。この接待が功を奏したかどうか、維新によって徳川の庇護を失った「長良川鵜飼」は、明治二十三年、宮内省が鵜匠に「式部職」の身分を与えて、毎年八回「御料鵜飼」を行うようになった。そのうち二回は駐日外国大使等を招待しての行事になり、百年以上経った今も長良川のアユは皇居などに届けられている。

高国は泊まり込みで警護し、翌二十五日の夜明けころから、行列が東京へ戻る動きを見物した。「長持約二百棹、乗馬十八、九匹、荷物少々、御駕篭一挺、人力車ニ乗ル人、抜身七槍」からなっており、かつての大名行列と比べるとかなり簡素なものだった。二匹の馬に引かれたガラス張りの天皇の馬車には、大隈重信が向かい合っていた。次の馬車には岩倉が乗っていたはずだが、ガラスが曇っていて見えなかった。

この行列の規模は「旗本五、六千石程度ノ勢イ」だと、高国は率直な感想を記した。新政府の勢いとはこの程度のものなのか、という失望がありありと見て取れる記述だ。不敬罪（明治二十二年・一八八九年）も成立しておらず、「拝謁」ではなく「拝見」という言葉もあえて使ったのだろうか。まだまだ天皇の〝絶対的地位〟は確立していなかった（佐藤政憲『坪内由緒』に見る維新期の世相」『岐阜近代史研究』）。

徳川復古を夢見て愛国交親社へ

新しい徴兵制で士族は不要になったこと、秩禄が金禄公債（現金支給）になったこと、学校維持費の徴収、鉄道建設の重い負担など、新政府に対する庶民や高国の不満は次第に大きくなっていった。明治元年（一八六八年）、天皇が二条城で公家諸侯を前に「広ク会議ヲ興シ万機公論ニ決スヘシ」「上下心ヲ一ニシ盛ニ経綸ヲ行ウヘシ」など『五カ条誓詞』を誓ったはずなのに、新政府は「世間ノ風説ニ云、古今ノ暴政」になったと『由緒』では憤っている。

「世間ノ人ノ曰ク、御一新ノ始メニ、旧幕ハ乳母ノ如ク、朝廷ハ実母ノ如クナリト御説在レドモ、今ニ至リテハ、アチラコチラニテ徳川氏ハ実ノ母ノ如ク慈悲心アリト云々」。維新当初、朝廷への期待は大きかったが、今では徳川こそが実母のようだ、と人々が言っていると嘆く。薩長政府の参議や大臣はけた外れの高給を取り、家の壁には黄金や珊瑚樹を塗り込め、東北に土地を買い漁っている。金禄に代わった士族の給与はさらに公債に変わって、それも商人たちの手に渡ってしまう。何とか徳川の治世に戻したい、という心情が溢れている。

前述したように「自由民権」を掲げる愛国交親社に入った高国は、明治十四年、岐阜・加納の西方寺に美濃組の事務所を開き、まもなく当時の盛り場・伊奈波神社近くの誓安寺に移して、参詣する人々の目を引いた。毎月一日と十五日、剣術試合のイベント「撃剣興行」を打ち、寺の門前には愛国交親社の幟と高張提灯、大看板を立てて、あたりを威圧していたという。しかし高国は、見栄は張っていても家屋敷を維持できなくなって、明治十五年、各務原を出て岐阜町に住む息子・定年の世話になった。

ことごとく失敗していく愛国交親社

この年、板垣退助はじめ自由党の一行が東海地方の遊説に出て、熱狂的に迎えられた後、岐阜に来たことは前述した。高国は交親社美濃組幹事長として、庄林一正に誘われて初めて板垣に会った。「四月五日、国会総理板垣退助殿（元土佐藩）岐阜へ御入来、初メテ途中人力車ノ上デ、シーヤッポ（帽子）取リテ挨拶アリ」。深い感想は書かれていない分だけ、印象的でもある。

翌六日午前、現・岐阜市今小町の旅館・玉井屋で「高国謁ス」。天皇には「拝見」なのに、板垣には「謁ス」であり、民権勢力の勢いを示しているようだ。板垣はその日夕方、中教院で演説した後、玄関先に潜んでいた反自由党の小学校教員・相原尚褧に襲撃された。現場の緊迫した状況や、内藤魯一らが取り押さえたこと、庄林一正や一刀流剣士・黒田孝作、さらに高国も駆けつけ、交親社美濃組の社中七、八人が交代で番をしたこと、東京・土佐・尾張からも続々と参集して警護に当たったことなどが記されている。この事件によって全国が興奮に包まれ、政府は極度に警戒して軍を待機させる一方、見舞いの勅使を送り、事態を収めたことは一章で述べた。

西南戦争の莫大な軍事費を補うため、極端な低米価政策と増税で財政を締めたことで庶民は窮乏し、「小作料の削減、四民平等、憲法制定、国会開設」などを求める大衆運動が全国で激しくなった。明治十五年（一八八二年）には福島事件、十六年には高田事件、十七年の群馬事件、秩父困民党事件、加波山事件、名古屋事件、美濃加茂事件、十八年の大阪事件、十九年の静岡事件など、自由党が関わった大規模な騒乱が続発した。

政府の徹底的な弾圧もあり、逮捕される犠牲者は各地で増えていった。自由党内部でも、爆弾で政府の行事を衝撃しようと計画・訓練する人たちも少なくなかった。急進派を抑えきれなくなった板垣らは、ついに十七年十月、大阪で大会を開いて自由党を解党した。

あれほど待ちに待った国会が、明治二十三年十一月二十五日やっと開かれた。その日の記録に高国は、記念に各地で花火が上がったこと、餅まきがあったと記したが、他方で「国会開設シテ、国家人民ニ益ナシ」とばっさり切り捨てた。国会開設の直前、荒川定英が改めて「愛親社」を作って再度、高国に入社を誘った。しかし還暦を超えていた高国は、もう応じなかった。そして自らの生活はますます困窮していく。

明治十九年には住まいも人手に渡り、千勢の稼ぎでは生活できず、機屋のカセ繰りの仕事に出たのだが、一日一銭五厘にしかならなかった。明治二十一年には日傘の絵を描いて、一日二銭を稼いで暮らしたという。六十二歳になっていた（渡辺佐一「坪内高国と愛国交親社」『濃飛史艸』）。

aibo：高国の『由緒』での千勢とのラブシーンでは、半ば〝公的な記録〟によくまあ、こんなお惚気を書いたものだなあ、と感心するんだけど、それだけ武家社会のストレスが強かったということなんやろか。

masa：高橋直子は「千勢は高国にとって大切な女性であった。人を愛する機会に恵まれなかった高国に、初めて人間のふれあいの暖かさを教えた女性が千勢であった」といってるね。

aibo：旗本の殿様が没落して、ついに日傘の絵を描いてくらしを立てるというのも、時代を象徴する話やな。岐阜は傘の産地だったしな。

masa：絵を描くと言えば、高国は大垣の画家・詩人だった江馬細香《えまさいこう》（天明七年～文久元年、一七八七～一八六一）と交わりがあったと書いてる。武人・高国が、文人・細香と交際するのは意外やね。

aibo：細香といえば『日本外史』で尊王攘夷に影響を与えた頼山陽との〝恋〟でも有名だったよね？

masa：細香は山陽の影響もあって、勤皇の志が高かったらしい。ペリー来航のとき、藩兵を率いて浦賀に行く大垣藩の家老・小原鉄心に詩を寄せて激励している。高国が慕ってデッサンの手ほどきは受けたのかもね。高国は自己紹介で「酒ヲ悪ミ、煙草不好、又、茶ヲ嫌ス。倹約ヲ好ミ、性書画ヲ好ム」と書いているので、画は好きだったんだね。細香に学んだ絵筆が、傘の絵を引き立てているかと思うと、ちょっと切ないな。

解体していく高国の家族

昌寿と高国は坪内一族の大黒柱だったが、高国の家族は人並みに〝幸福〟だったとはいいがたかった。直参旗本だったとはいえ〝落ちぶれ士族〟には簡単に職がなく、収入が無ければ安定した家族を築くのは難しかった。家族が次第に没落し、バラバラになっていく様子がこと細かに記録されていて痛々しい。

長男・定年は、明治五年（一八七二年）、十七歳で元尾張藩三百石取の柿崎氏の娘と結婚するが、半年で離婚。翌年、百姓・広瀬氏の娘と再婚するがこれも間もなく離縁となる。さらに元尾張藩二百五十石取の内藤氏の娘・久との三回目の結婚で長男に恵まれ、祖父高国は喜んで自分の初名乗り「定国」と名づけた。しかし定年は四十歳になるまで定職がなかった。妻・久は明治十八年に遊芸の師匠になって働くが、明治二十五年に長女を連れて家出・離婚した。その後芸者になり、日清戦争で植民地にした台湾へ去った。初孫・定国も職を転々とし、明治三十四年に横浜郵便電信局へ行ったようだが、その後の消息は分からない。

次男・鐐次郎《かねじろう》は、明治十一年、岐阜県農学校へ入ったが、肺病で退学。十九歳で農家の養子になるものの半年で離縁される。その後巡査になって結婚するが、子どもは二カ月で病死。離婚した後、指物師の娘と再婚するが、母・千勢が嫌ってまた離婚。その後巡査や養鶏業などを転々としながら、明治三十五年、台湾へ行って三度警官になった。台湾の兄嫁・久を頼ったのだろうか。

三男・鉾三郎は明治十五年、平島で小学校の助教をしていて、馬喰の娘との間に男児が生まれたが、その子は三日で病死。十八年陸軍に入って駐屯した豊橋の魚商の娘との間に娘を授かる。しかし折からの日清戦争に動員され、文字通り死線をかいくぐって勲章をもらい、二十八年無事生還した。

絵に描いたような没落士族・高国一族のあまりに不運で不器用な〝世渡り〟にため息が出る。高国は鉾三郎の生還に満足し、坪内家の誇りとするしかなかった。

最後まで自慢の黒髪を気にして

王政復古や自由民権運動に人生を賭けて敗れ、私生活の夢さえ失っていった坪内高国。彼はなぜこの詳細な〝敗北の記録〟を残そうとしたのだろうか？

『坪内由緒Ⅱ』の解説「坪内高国〜自分さがしの旅〜」で、高橋直子はこう読み解く。そもそも高国がこの系図を書きはじめたのは、明治十年（一八七七年）、政府の国史編纂所・修史館の求めに応じたものだ。後半生のすべてをかけた愛国交親社で、「高国はいろいろ情報を手に入れる。自由党の虚脱、大臣の腐敗。人夫の苦役。これらはすべて高国の中で明治維新への批判となって固まっていった」という。

自分の系図が藩史の史料になると考えた高国は、「家が没落したのは明治維新にそもそもの間違いがあり、この状況を書くことは恥ではなく大切なことだと判断した」と推察する。没落も含めてすべての歴史を記録し、あるべき社会やリーダー像への志を語ることで、自らのアイデンティティを取り戻そうとしたのだろうか。渋沢栄一が『徳川慶喜公伝』に思いを込めたように。

高国が系図作りだけに没頭するようになったのは、妻・千勢が肺病を患いはじめた明治二十四年からのこと。「千勢が病気になると彼の幸せは狂いはじめるし、気持ちの持って行き場が失くなってくる」「千勢は死ぬ一カ月前、短い髪を伸ばそうかどうかと言って、最後まで自慢の黒髪を気にしていた。高国はそれを思い出して「有髪ニテ埋葬」してやったのだった。高国は千勢の姿を詳細に系図に留めることで、自分の内面の危機を救った」と高橋は締めくくる。高国自身は、生涯をちょんまげで通した。夏目漱石が日本人の自我というものを描くのはそれから間もなくだった。

高国はその十年後、明治三十四年長男・定年の家で亡くなった。七十七歳だった。かつての領地・平島で〝村葬〟の扱いを受けたことは、望外の幸せだったに違いない。遺骨は坪内一族の菩提寺、新加納・少林寺に葬られた。

口をつぐんだ男たちに代わって

坪内高国にとっての自由民権とは、初心を忘れて腐った薩長体制を倒し、真の王政復古による正義の実現だった。それは多くの勤皇派が夢見た蜃気楼にすぎなかった。しかし、この詳細をきわめた記録は、封建制度の脆さ儚さを示しただけでなく、これに取って代わった近代の資本主義というものの過酷さも、鮮やかに浮かび上がらせている。

坪内一族の資料保存や解説に取り組んできた前渡・坪内末裔の坪内健治さんは、維新期の高国の生き方をどう感じておられるのか？改めてお聞きしてみた。

「高国が作った系図がなかったら、江戸時代の動きがここまで分からなかったですね。ああいう動乱の時代に、これほど緻密で膨大な系図や記録を調べて、まとめて書き残したというのは、立派な方だったなあ、と感心します」。そして、高国が自由民権運動に参加したことについては、「私は〝前渡・坪内〟だから、〝平島・坪内〟だった高国の気持ちははっきりとは分かりません。ただ鎌倉武士以来の誇りは高く、旗本内部での不平等に対して本家と同じに扱ってほしいと、江戸まで出向いて幕府に訴え出たことや、旧幕臣としては薩長中心の政治に異論を抱いて自由民権運動に加わったというのは、渋沢栄一のドラマでも描かれる通りで、その気持ちは分かりますね」と思いを馳せておられる。

しかし坪内一族の中でもさまざまな葛藤があったことや、維新後の苦労について、父や祖父たちは一切語らなかった。健治さんが聞かされたのは、祖母・のぶさんや伯母・きんさんからだったという。口をつぐんだ男たちに代わって、必死に家を支えてきた妻・母たちが、子孫に思いを伝えたのだった。

四、百姓たちの民権一揆

――素顔の美濃加茂事件

「地租を百分の一にせよ！」

日本アルプスの西を抜けてきた清冽な飛騨川が、東の信濃から木曽谷を下ってきた木曽川と合流する岐阜・美濃太田（美濃加茂市）は、「中山道六十九次」の五十一番目の「太田宿」として昔から交通の要衝だった。中山道（中仙道）は、東山道、木曽街道、姫街道とも呼ばれ、徳川家茂に嫁いだ皇女・和宮や、武田耕雲斎が率いた水戸天狗党の物語の舞台にもなってきた。また文豪・坪内逍遥や歴史学者・津田左右吉の出身地としても知られる。

町の中心から狭い県道を車で十分ほど北上すると、「みのかも健康の森」の入り口がある。車を降りてここから山の中へ入っていくと、パターゴルフ、アスレチックなどの施設があり、家族向けのレジャーランドになっている。北に目を向けると小さく美しい形の「富士山」（三五七メートル）が見える。富士山とは単なるニックネームではなく、国土地理院の地図にも記されたれっきした正真正銘の富士山だ。

この美しい山に、明治十七年（一八八四年）七月、刀や竹槍を手にして三日間立てこもった数百人の人々がいた。自由民権運動史上、「（美濃）加茂事件」と呼ばれた激化事件の主人公、加茂・可児郡一帯の農民・細民たちだ。そしてこの一揆を指導したのは、前章で紹介した濃尾地域の民権結社「愛国交親社」の岐阜県側のメンバーたちだった。静かな里でのこの衝撃的なできごとを、地元の『美濃加茂市明治百年史』は以下のように記している。


七月二三日、川浦、伊深、山之上、蜂屋、鷹ノ巣、古井、今泉、羽生、大山、夕田、加治田、川辺などの村々から、四～五百人の人たちが、手に手に刀剣、竹槍、鎌などをもって各所に集まってきました。加治田、伊深、川浦では戸長役場へ押しかけて、「地租を百分の一にすること」、「地租以外の諸税を廃止すること」、「徴兵令を廃止すること」の三条件を戸長に突きつけ、岐阜県庁に強く願い出るよう要求しました。（中略）郡役所では「書類を残らず舟に移して予防の準備をした」とか、また、「酒樽を持ってきて一揆の衆のご機嫌をとった」とかいわれています。一方、蜂起部隊は、「山之上の富士山をはじめ、伊深の神社森、山之上の野地原などに弾薬を用意し、炊き出しをして待機した」といわれます。

戸長は、一応要求を承諾したように見せかけて、直ちに警察に連絡します。警察ではすでに数日前から蜂起の気配を察して、厳重な警戒網を張っていましたので、関、岐阜からも急行して、各地で蜂起部隊を分断しました。名古屋の軍隊にも、危急の場合には出兵するよう手配してありました。蜂起部隊は、各地で警官隊に包囲され、散らばりましたが（中略）二百余人の人たちは富士山に立てこもり、防塞をつくって警官隊に対抗します。こうして二〜三日の対陣の中に、蜂起部隊の一部は各所で抜刀して警官隊と小競り合いしながらも、ある者は逮捕され、他の多くは裏山越しに逃げ去り、ここに事件は終わりを告げたのでした。

岐阜の片田舎で立ち上がった無名の人々。教科書では伝えられなかった激化事件「美濃加茂事件」から、百姓・細民が担った自由民権運動の素顔を追ってみる。

「松方デフレ」が招いた減税一揆

「士族たちの反乱」が収まって、四民平等、文明開化の新しい時代が来たのだろうか？

明治初期のさまざまな反乱は復古的な不平士族によるものが多かったが、明治十年代に入って全国で沸々と湧いてくる自由民権運動や激化事件は、地域によって形はさまざまで、主な担い手はもはや士族ではない。

明治六年（一八七三年）に、地価の百分の三を地租とし、豊作でも凶作でも金で納める「地租改正条例」が制定されると、多くの農村では富農や名望家が中心になって地租制度に抗議する運動が各地で起こっていく。例えば岐阜の南部・木曽三川が合流する〝水場〟では、田の面積は広くても稲作が容易ではなく、三パーセントの地租は重税だった。茨城から始まった小作料削減を求める一揆・暴動は、愛知・岐阜・三重県はじめ、十年代前半にかけて、全国に広がっていく。

また都市・商業地域では大きな商人・職人らがリードして、租税の削減や、産物の自由取引などの改革を求め、他方では地方の議会「民会」を組織する運動や、住民自治を掲げる人々のうねりが起こっていた。徴兵制が始まって男手を取られた小作農や、農村を追われて都市へ流れ込んでくる人々、馬車引きや手仕事がなくなった職人、都市の下層細民たちは、増える税金や徴発にもあえぎ不満を募らせていく。

さらに西南戦争での膨大な軍事費、学校や道路建設、殖産興業のインフラ整備などで、膨れ上がっていた政府の出費をまかなうため、松方正義蔵相は明治十四年から、「松方デフレ」と呼ばれる極端な低米価政策と増税を行った。酒・たばこへの税率を上げ、新たに醤油や菓子などへ課税した。十四年からの三年間でコメの値段は三割から五割も下がっている。麦などの価格も下がり、穀物栽培に頼る農民は窮乏していく。必ずしも農民がすべて追い込まれたわけではなく、綿花の栽培や桑・養蚕など「商品経済」に転換できた農家は生きのびたようだ（長谷川昇「加茂事件」『自由民権期の研究』）。

十六年に岐阜県美濃加茂地方の今泉村の住民が「質入れ」した額は、十三年の四倍にもなった。「茶園、桑園のなき村に至りては、家屋は破れ、三度の食事もいたしかね、わずかの家財も売りつくして、親子はしきりにすり鉢にて三合ほどの粥をすう惨憺《さんたん》憐れむべき境遇に立ち至る」（『岐阜日日新聞』明治十七年五月九日)。自作農たちは田畑を手放し、次第に小作農になっていくが、その小作料や地租も払えず、現金収入を得るために人力車を引いたり、土地を売って町に出て、職人や日雇い労働者になっていった。ほとんどの村が地租反対にまわっていった。

伊勢暴動「ドンと突き出す二分五厘」

明治九年(一八七六年)十二月十九日、三重県飯野郡魚見村(現・松坂市)では、農民たちが集まって租税取り立ての延期を求めはじめた。だんだん膨れ上がる農民の数を見て、手に負えなくなった区長が、深夜になって三重県宛ての嘆願書を書いた。しかし駆けつける農民は瞬く間に増え、巡査の挑発も加わって、急速に〝一揆〟になっていった。

群衆は、最初は地租関係の帳簿を奪って焼くのが狙いだったようだが、次第に周辺に進出し、大小の役所・警察署・学校、戸長や御用商人宅を襲って打ちこわし、郵便局・電信局にも火を放っていった。文明開化、近代化のシンボルだった郵便局や電柱を壊すという行動は、維新政府への反乱ともいえるものだった。暴動は、三重県にとどまらず愛知、岐阜、大阪へと越境していく。

岐阜へ入った農民たちはすぐに数百人に膨れ上がり、あたり構わず焼き払った。噂におびえた岐阜県笠松、加納、墨俣などの豪農、戸長や学校は、大きな穴を掘って大切なものを埋め、家財を積んで避難する群衆で大混乱になった。三重県桑名では、武装した士族を集めて学校を警備し、乱暴する者の内三人を討ち取り、学校の門に首を懸けると、やっと乱入が治まったという（青木久八郎『歳々諸事村用留帳』）。

県令が召集した士族や、名古屋鎮台・大阪鎮台から駆けつけた軍隊が対抗し、東京からは警視庁巡査二百人が来援して、暴動はようやく四日目に鎮圧された。岐阜県では五一の村に被害が及び、庄屋や大商人など八八戸が燃やされた。また襲われた二一の学校のうち全焼した七校は洋風の近代建築だった。西洋文化に対する一般農民の感情を象徴しているようだ。伊勢暴動の死者は三五人、受刑者は五万七七三人にも上った。

伊勢暴動と同じ時期の真壁騒動（茨城県）、粉河騒動（和歌山県）、阿蘇一揆（熊本県）など各地百六〇件もの一揆を受け、大久保政権は政策転換を迫られた。ついに翌年一月四日、地租を三パーセントから二・五パーセントに引き下げざるをえず、「竹槍でドンと突き出す二分五厘」と揶揄された。「地租引き下げ」は、その後各地の農民運動の核心的な共通目標になっていった。

多様だった〝農民一揆〟

自由民権運動というと、板垣・大隈ら士族の結社や政治運動を思い浮かべやすいが、士族反乱の後に全国で起こった民権運動や激化事件は、中心になる人たちの職業や階層、思想・信条、その地域の実情によって千差万別だ。主体となった士族、農民、商工業者、都市の知識層、下層細民たちそれぞれに、民権運動の目的・要求、進め方や雰囲気は大きく異なる。農民の運動でも生活に窮した貧農・困民による〈激化・一揆型〉と、富農・知識層による〈自治・地方民会要求型〉は対照的だった（渡辺隆喜「民権結社の成立と地方民会論」『明治大学史紀要』）。

また網野善彦らの研究が強調するように、そもそも古来から日本の財政は、稲作による租税収入を中心とした農業統計を基礎にしていて、海運・交易・商業・手工業などの多彩な産業や、娯楽・サービス関連の多様な職業、これらに従事する多くの就業人口の実態を記録してこなかった。山や海の豊富な産物、周辺各国・地域との交易・貿易産品の実態やさまざまな仕事を兼業して収入を得ていた多くの人々の記録がない。農産物の管理と課税に頼るだけでは財政全体を運営できないし、また幕末の倒幕派諸藩が蓄えてきた経済力、武器調達の力、実態などは説明できない（網野善彦『日本の歴史をよみなおす』）。

かつて学校や映画・演劇などで教えられてきた「士農工商」というシンプルな身分制度も、実際には制度化していなかったことが明らかにされ、近年の検定教科書からは消えた。〝一揆は窮乏した農民によって起きた〟などの、農本主義的な因果論や農業還元論的な歴史観だけでは、多様な〝農民一揆〟をうまく説明することができないのだ。「正しくて貧しい農民」「悪くて強い武士」というステレオタイプで育った僕などは、学ぶほどに眼からウロコを落とし続ける始末だ。

歴史から消された「博徒」運動家

明治十四年（一八八一年）に「国会開設の勅諭」が出されてから百年目となり、自由民権運動が全国的に見直されるようになった一九八一年（昭和五十六年）一月、僕は『東海・自由民権事始〜志士・内藤魯一』というテレビ番組を制作した。愛知の自由民権運動を知るには、異様な激化事件になった愛国交親社の「名古屋事件」「（美濃）加茂事件」を避けることはできない。しかし高利貸に対する強盗事件などを積み重ねた名古屋事件の主役が博徒集団だったにもかかわらず、『自由党史』は名古屋事件を「自由主義者による革命運動」と位置づけ、博徒の果たした役割や暴力行為を正面から記録しなかった。

裁判記録以外に事件の記録はなく、長らく謎に包まれていたが、数十年かけて事件の全体像を描いたのは、故・長谷川昇（東海学園女子短大教授）だった。事件の子孫を一人ひとり訪ね歩き、寺の過去帳や裁判記録まで膨大な資料を発掘していった。長谷川には「加茂事件」（『自由民権期の研究』）や、『博徒と自由民権—名古屋事件始末記』（中公新書）をはじめ、多くの論文がある。

多くの博徒も混じった「自由民権・名古屋事件」というとても複雑で多面的なできごとを、現在の常識や倫理、一般的な用語で伝え、評価することはかなり難しい。運動のリーダー層に少なからず博徒がいたという点では、自由民権運動の教科書のように描かれたりする秩父事件も本質的には同じである。ほかの民権運動でも大なり小なりそうした要素を含んでいるのだが、記録に残ることが少なかったせいか、ほとんどの歴史家はそういう事実を知らないか、認めたくない、あるいは理論的に整理できずに無視してきたようだ。

「博徒なる自由党員」

今でこそ身の回りに博打・博奕、ギャンブルの風景は珍しくなってきたが、二〜三十年前までは日常普遍的な風景だった。賭ける金額の大小や、仲介する人間の役割・機能によって千差万別だが、僕の以前の職場でも、公官庁でも、町内の横丁でも床屋でも、人が集まるところでは当たり前の生活慣習として存在していた。今も「ジャンボ宝くじ」、「お年玉付き年賀はがき」はじめ、競輪（経産省）・競馬（農水省）・競艇（国交省）や、二〇一八年（平成三十年）に成立した「ＩＲ整備法（カジノ法）」としても〝賭け事〟は、善悪、好悪の感情を越えて社会的・文化的に存在し続けている。

日本中多くの集団内で、一定の資金を集め、社会秩序を〝仕切り・まとめる〟役割をも果たしてきた博徒とは何か。近世や江戸時代のコミュニティにおける〝世話役〟の一角にいた侠客・博徒の位置づけが必要なのだろう。賭け事のどこが不正なのかを明確にし、賭け事と暴力が表裏一体となっていた時代の文化や人間のつながり方に向き合わないと、この事件を理解することができないだろう。長谷川昇は、『自由党史』など自由民権史からは無視、抹殺されてきた重要な脇役である博徒や力士、細民らを探し当てて民権史を見直した。ただ社会が容認していた「任俠」とは厳密に区別し、博徒・博奕打ちを情緒的に擁護はしなかった。彼は、政治家にも歴史家にもほぼ無視されてきた「博徒なる（旧）自由党員」についてこう言う。

「〝博徒＝無頼の徒〟が反体制運動の組織者として一定の役割をはたしてきたことをことさらに過小評価し、これを耕作農民に解消することによって、革命的運動の主体の純粋性を立証しようとする経済構造一元論は、かえって、明治十七（一八八四年）年の反体制のもつ政治的構造の立体性を平面化するものといわなければならない」（『博徒と自由民権』）。

aibo：タテマエの正義で理解しようとすると、〝複雑な真実〟は何事でもややこしいんだけど、博徒と自由民権もややこしいな。

masa：長谷川さんが数十年かかったくらいややこしいんだよ。すべての価値観やら秩序がひっくり返って、混とんとしてる明治初期の社会状況を、単純化・標準化された教科書の言葉や概念で簡単に説明しようとしてもムリだね。

aibo：学校じゃ西郷やら板垣やらの開明武士が、理想を掲げて革命を起こしたと教えられてきてるからね。

masa：僕もこんなに百姓や博徒が闘ってたとは知らんかった。網野善彦の史観がすべて正しいかどうかは別として、歴史の記述は〝英雄・豪傑〟に偏りすぎてるね。

aibo：現代のメディアや社会規範では、法と秩序が前提だし、博奕やら暴力を語ってはいけない、という暗黙の縛りがある。そこを越境してきた研究は勇気があるね。

masa：もう一歩突っ込むと、「政治と暴力」の世界にも行き当たるね。日本の政治的暴力についてエイコ・マルコ・シナワが出した『悪党・ヤクザ・ナショナリスト　近代日本の暴力政治』（朝日新聞出版）や、藤野裕子『民衆暴力　一揆・暴動・虐殺の日本近代』（中公新書）も暴力と権力の関係性を検討し直してるね。

「加茂事件」を追って

番組『東海・自由民権事始〜志士・内藤魯一』では、長谷川昇さんをスタジオにお招きし、内藤魯一の紹介や、名古屋事件の概要、近代史上の意味などを話してもらった。この番組に入れる余裕はなかったのだが、このとき「岐阜にも、愛国交親社の支部があって（美濃）加茂事件という激化事件があった」とお聞きしたことが、ずっと心に残っていた。

それから数十年。思い起こして検索すると、美濃加茂市の『広報みのかも』に「美濃加茂事件の指導者　小原佐忠治」という記事（一九八六年二月）を見つけた。はっと思って市役所に問い合わせると、「みのかも文化の森・美濃加茂市民ミュージアム」に、事件関連の写真や当時の資料が保存されているという。かつての習性で僕の胸は動悸を打ちはじめた。まずは電話して閲覧のお願いをする。書類のやりとりを経て、関連する資料の閲覧と撮影の許可が出た。広報誌の記事は市民ミュージアムの可児館長が昔書いた記事で、ラッキーにもお目にかかれることになった。

市民ミュージアムのサイトには独創的な企画が並んでいる。さらに館長・可児光生というお名前に聞き覚えがあった。いつも妻の年賀状にあった人だ。プライベートな余談だが、半世紀以上前、岐阜県の教員になった妻の初任地は、美濃加茂の隣、御嵩町の上之郷小学校だった。そこで受け持った四年生学級の印象深い生徒の一人が可児光生さんだったと、妻がいう。奇遇というほかない。僕らの新婚旅行にこの上之郷小学校を加えたことがあって懐かしい。

二〇二〇年（令和二年）六月末の晴れた日に、僕と妻はいそいそと美濃加茂市民ミュージアムへ出かけ、可児館長にお目にかかることができた。近現代史の研究者・教育者としても、博物館行政の専門家としても東奔西走の日々を送っておられた。加茂事件の写真や裁判資料を見せてもらい、また地域博物館の役割や半世紀前の思い出話にも花を咲かせたのだった。ミュージアムを包む緑が、瑞々しく美しかった。

リーダー・小原佐忠治の素顔

事件の年、明治十七年（一八八四年）の秋までに、美濃加茂事件の参加者たちは次々に捕らえられ、翌年、傍聴が一切禁止された岐阜重刑裁判所で裁判が行われた。六月二十九日、数百人の参加者の内、四人の「主謀者」には懲役九年〜十年、八人の「助勢者」に六〜八年の実刑が言い渡され、「附和随行」した二三人には一〇円前後の罰金が科せられた。「主謀者」「助勢者」全員が、前述の愛国交親社の社員だった。同じ年の激化事件「秩父困民党事件」の参加者たちが、ほぼ自由党員だったことを想起させる。単なる暴徒の集合ではなく、一定の信条や政治的な目標を共有していたことは明らかだ。このリーダーは、どういう人たちだったのか？

中心人物とされた小原佐忠治に対して、判決はこう述べる。「明治十七年七月廿一日同廿三日、諸税廃止ノ事・徴兵令廃止ノ事・地租ヲ百分ノ一ニ減ズル事、此ノ三条件ヲ岐阜県府ニ強願スル目的ニテ（中略）、被告ハ鎧ヲ着用シ、岐阜県加茂郡山之上村野路原ニ於テ同謀シタル兇徒ヲ嘯集シ、刀剣・竹槍等ヲ携ヘ、伊深村関谷ヘ立チ越ス途中村民ノ門戸ヲ叩キ、随行セヨ出ネハ放火スルト威迫シタルノミナラズ、（中略）各村ニ於テ暴動ヲ為シタルモノト認定ス」。

傑出した指導者だった小原佐忠治は、美濃加茂の中心部・蜂屋村の庄屋で、愛国交親社の加茂郡副幹事長だった。天保十一年（一八四〇年）生まれで、事件当時四十四歳。田畑が一町二反くらいあったようだ。「小作人など困っている人のためには、骨身を惜しまず面倒をみる性格で、世話好きで、村内のもめ事の仲裁も引き受けていた。最も熱心であったのは草相撲の行司で　郡内の草相撲にはたいてい出張して　大関格の取り組みを司った。頭がよく、代証人のような仕事をした。名古屋の愛国交親社の集会にも出かけて、何回か演説した」「風采が誠に立派で情婦を数人持ち、博奕をよく行った（神保朔朗『蜂屋の歴史』）」。

佐忠治は明治二十二年（一八八九年）、憲法発布の恩赦で出獄し、「晩年は街道筋の小屋で文具商を営んだ」「頭がよく、代証人（注・現在の司法書士）のようなこともした」とされる。検察の調書なので注意が必要だが、世話好きで頭もよく、人に好かれる親分肌の、典型的な地域のリーダーだったようだ。他の「首謀者」の人物像を見てみる。

●林弥曽八は、可児郡今渡村の農民で、交親社の可児郡副幹事長。当時四十二歳。やはりかつての庄屋で、田畑は一町二反。「政治が飯より好きで、田畑を全部政治運動に尽蕩した」という。出獄後は、三河の民権家・村松愛蔵らに誘われ、畳職人だった息子といっしょに名古屋に移ったという。国会開設が近いので、分裂している自由民権運動を一つにまとめようとする「大同団結運動」に参加するためだった。弥曽八は農業を捨てて民権運動に奔走したらしく、政治意識の高い人だったようだ。

●鈴木忠三郎は当時五十歳。交親社の愛知県西春日井郡の幹事長。田畑一町以上を持つ自作農。出獄後はやはり大同団結運動に参加したという。

●高井太助は当時三十六歳。加茂郡鷹ノ巣村の農民で、同じく交親社の幹事だった。田畑を持たない貧農で、人力車を引きながら、雑貨を商っていたようだ。

このように首謀者とされる四人は、思想も行動もほぼ一貫していて悪びれるところがない。いずれも〝食い詰めた農民〟とか〝一揆の暴徒〟といったステレオタイプな分類で括れるような人ではなく、信望の篤い地域のリーダーたちで、自由民権運動を根っこで支えていたのだった。

参加者たちそれぞれの身の上

刑が六年から八年と軽かった「助勢者」八人の身の上はさまざまだ。

●高井勘三郎は鷹ノ巣村の士族。草莽隊「草薙隊」の出身だった。草薙隊は東春日井郡の大庄屋・林金兵衛の私兵で、弘化三年（一八四六年）から明治四年（一八七一年）に活動した。文久元年（一八六一年）江戸に嫁いだ皇女・和宮一行の警護、長州征伐の諸準備、領内の河川の取り締まりなどの仕事をこなした。草薙隊は最大時二四一人にもなったようだ。解散のときは全員に一町歩の田畑が支給されたが、次第にそれもなくなり没落していた。草相撲の人気の大関だったという。

● 小林六兵衛は一町五反ほどの広い田畑を持つ、山之上村の働き者の農民だった。世話好きで頼まれごとには必ず力を貸し、金のない人には借りてでも貸したという。出獄後は養蚕を始めたようだ。

● 山田鈴五郎は川浦村の農民で、田畑は五反程度。始めは巡査だったが、勉強して村の小学校教師になった。哲学の本を名古屋から取りよせて読むほどの勉強家だった。明治十四年に「無鑑札ニテ芝居興行ヲ行ッタ」罪で罰金五十銭、同十七年に「集会条例違反」で罰金二円を科せられていて、政府には批判的だった。出獄後、明治二十八年から三十年まで村役場の書記を務めたという。インテリの活動家だったのだろう。

● 西垣新太郎は大山村の農民。田五畝、山一畝、住居八坪と財産はわずかだった。事件後、母親が郡長に出した書類では、「事件の後行方不明になった。自分たちは歳もとって、元からの借金を返すこともできず、僅かな土地と建物を売るしかない」と窮状を述べる。

● 平田金助は上蜂屋村の農民で「七ツ岩」というしこ名の〝草相撲の大関〟。事件後に逃亡し、終生、帰郷しなかったという。息子・菊次郎も、名古屋鎮台（陸軍の名古屋部隊）から脱走してまで、父と一緒に事件に加わったらしい。

- 石原伊三郎は加治田村の農民。七反程度の田畑を持っていた。出獄後は二十四年間、村会議員を務め、多くの小作争議の調停に尽力したという。彼も人望が篤い。

その他山之上村の亀井武吉、伊藤初次郎については、詳しくは分からない。

「助勢者」の暮らしぶりは、巡査や公務員、教師の職に就き周りから頼りにされ、地域のために尽くす素朴で誠実な姿が浮かび上がる。「附和随行」した二三人については、よく分かっていないが、ほぼ自作農はおらず、僅かな小作と日雇い仕事、人力車引き、博奕などで生計を立てていたようだ。

草莽隊出身者は、名古屋事件の「集義隊・磅礴隊」員以外にも、加茂事件・東春日井郡地租改正騒擾事件に関わった「草薙隊」員もあり、尾張藩の殊遇に対して不満を抱えた者は多かった。

佐忠治の子孫を訪ねて

小原佐忠治の営んだ文房具屋があったという、美濃加茂市蜂屋町の農協「ＪＡめぐみの蜂屋支店」を訪ねてみることにした。静かな田園地帯である蜂屋は、特産品「堂上蜂屋柿」の産地として知られる。ＪＡ蜂屋のホームページによれば、文治年間に鎌倉将軍に献上したところ、蜂蜜のように甘かったので、村の名前を「蜂屋」と賜ったという。朝廷にも献上されて「堂上」を名乗り、一九〇〇年（明治三十三年）のパリ万博では銀杯を受けたとか。

このＪＡで訊くと、二百メートルほど先を指して〝小原さんはあの辺でしょう〟という。その諸田地区でウロウロしていると、風格が漂う門構えの一軒に、偶然にも「小原」という表札が見える。ともかく飛び込んで聞いてみるしかない。またまた幸運なことに、佐忠治の玄孫《やしゃご》にあたる輝子さんがばったり帰宅してこられて、お孫さんを自動車学校に迎えに行くところだった。突然だったので、僕はシドロモドロでご挨拶し、改めてうかがいたいとお願いした。

一連の取材をした二〇二〇年（令和二年）は、地球に初登場したコロナに加えて、灼熱の夏だった。佐忠治のお墓参りを兼ねて、再度小原さん宅を訪ねた。輝子さんと夫の美彦さんからすると、佐忠治は四代前の高祖父《こうそふ》に当たる。いろいろ質問を準備していたが、事件に関して裁判資料以外は、残念ながら記録がなく、日記や手紙も残っていない。先祖の話では、庄屋だった小原家は田畑が広かったので、五百米ほど先の蜂屋小学校までは他人の土地を通らずに行けたらしい。

働き者だった佐忠治は草相撲にも熱心で、郡内各地の相撲大会に出張して大関格の取り組みの行司を務めたようだ。当時の相撲は歌舞伎や寄席と並んで一般庶民の最大の娯楽だった。男っぽく「待ったなし」で闘う勝負師として、力士は庶民から敬愛されていた。その行司を務めるのは、人柄が公平で人望があったのだろう。また輝子さんの祖父の凄美《すさみ》さん（佐忠治の孫）は、〝佐忠治は板垣退助の同志だった〟ことを誇りにしていたという。「愛国交親社」の愛知県側の社員は旧体制の復古を願う保守派が主流だが、岐阜県側の社員は自由党支持という意識が強かったようだ。

事件当時の槍や刀は、凄美さんがすべて井戸に捨てたという。

これまでの資料以上の事実は分からなかった。しかし佐忠治にはかなりの財産もあって、窮乏していたわけではないのに、「諸税廃止ノ事、徴兵令廃止ノ事、地租ヲ百分ノ一ニ減ズル事」という旗を掲げて、百姓たちと共に立ち上がった。村の窮状を何とか打開したいという庄屋の矜持もあっただろう。鎧を揃えていたこと、武器を使えたこと、数百人の指揮ができたことなどを考えれば、単なる庄屋ではなかっただろう。かつては草莽隊で訓練されていたのかもしれない。

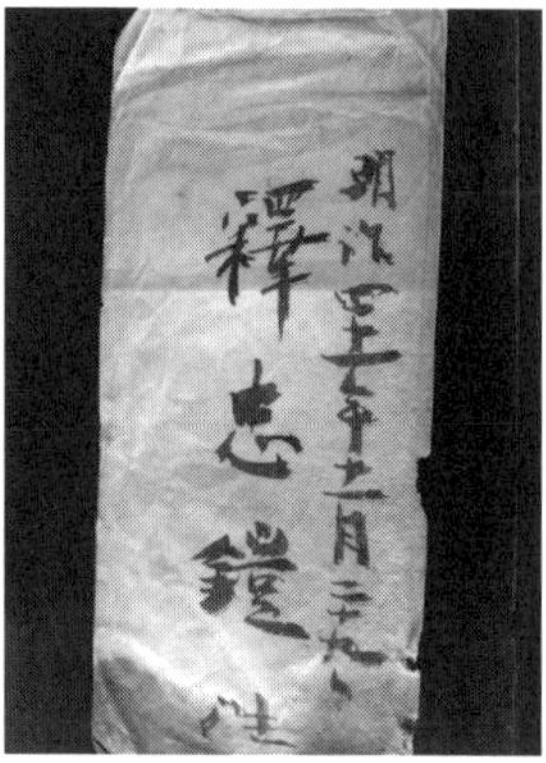

佐忠治の戒名

佐忠治の戒名を書いた貴重な紙を見せていただいた。そこには「明治四十一年十一月二十九日」という命日と「釋忠鎧」という戒名が、黒々とあった。佐忠治の「忠」と、みんなの先頭で闘ったときに着ていた「鎧」の誇りが、くっきりと残っていた。よくお守りされている佐忠治の墓に一緒にお参りさせてもらった。佐忠治さん、本当にご苦労さまでした！　命がけで訴えられたことは、ちゃんと美濃加茂の人たちに伝わっています。佐忠治のお墓は、日差しは眩しかったが、一瞬、猛暑を忘れてしまった。

〝あっせっせい てんぷくせい〟

急進的な自由民権運動の象徴ともいえる一連の激化事件はその後どうなったのだろうか？強引な富国強兵や中央集権化、増税に対して、急進的な立憲共和制をめざす板垣退助らは明治十四年（一八八一年）に自由党を結成。一方大隈重信らは穏健な立憲君主制をめざして、翌年立憲改進党を結成する。次第に勢力を伸ばしていく自由民権運動を、政府は力ずくで抑え込もうとする。これに対し自由党急進派は、福島事件・喜多方事件、加波山事件、秩父事件、名古屋事件、大阪事件、静岡事件と次々に武装闘争を指導していった。

政府の弾圧は徹底していた。演説・集会・新聞は制限・禁止され、女性の参加や政党支部も禁止される。各地の自由党リーダーもしらみつぶしに逮捕され、苛烈な拷問・弾圧を受けていく。それでも各地の民衆は、相撲大会や運動会、撃剣興行にことよせて、武芸を磨き、「転覆踊り」などの抵抗活動を工夫していく。関東各地では「てんぷく運動会」が開かれ、百姓たちが〃あっせっせい てんぷくせい てんぷくせい あっせっせい〃と「転覆踊り」を歌って、これを禁止・追跡する警官をからかった。

自由党急進派は、武力による政権転覆を諦めてはいなかった。「大日本国憲草案」を創った板垣のブレーン内藤魯一は、自由党の「有一館」の館長を務めていた。有一館は表向き壮士養成所だったが、全国の武闘派の秘密の拠点にもなっていた。彼らは爆裂弾を試作して深夜の山中で実験を繰り返し、政府の要人たちを一挙に襲撃しようとした（三浦進『新・明治の革命』など）。

特に山形・福島・栃木で自由民権運動を徹底的に弾圧していた三島通庸県令へは、農民や自由党員の恨みが強かった。新華族制の祝賀宴会や栃木県庁開庁式を狙って、秘密裏に何度も爆裂弾の予行訓練までするものの、すべて失敗に終わる。内藤はじめ主なメンバーは逮捕され、自由党は明治十七年十月、解党せざるをえなくなる。

aibo：自由民権運動は負けた、ってことかな？

masa：武力闘争は完全に封じ込められたね。ただね、憲法や議会が作られたのは自由民権運動の大きな成果だし、その後始まる労働運動や社会運動などの権利意識も培われていったんだから、表面的に〝負けた／勝った〟とは評価できないと思うよ。

aibo：圧政に対して、人々が武装して抵抗し革命を起こす権利「抵抗権・革命権」は、〝自由主義の父〟ジョン・ロックなどが唱えたことで、アメリカ革命・フランス革命など欧米の近代市民革命では基本的な権利になったね。アメリカ修正憲法第二条にも、圧政に対して武装して抵抗する権利が明記されてるし、日本でもたしか植木枝盛（土佐・立志社）も言ってるよね。

masa：ただアメリカの「修正第二条」は〝銃社会〟の根拠にもなってて、課題は多いね。植木の「東洋大日本国国憲按《こっけんあん》」では、地方自治や国民の立法権とか、「人民の自由権利」を保障する「抵抗権・革命権」を認めているんだよね。

masa：それにしても日本では、何で革命の権利が成文化されんかったの？

aibo：当時は天皇主権の憲法を制定して「国民国家」を創って、国際社会に認められることが

〝一丁目一番地〟やった。植木の憲法案でさえ「軍事および外交の総裁」として「皇帝（天皇）」を想定してたし、現実の歴史は実際そうなったよ。

隈板内閣の瓦解と専制政治への道

明治二十三年（一八九〇年）に国会が開かれると、自由民権運動のさまざまな左派の流れが「立憲自由党（翌年・自由党）」として再結集して衆議院第一党になり、貴族・軍人・官僚中心の政府に対抗した。政府は清国に対抗するため巨額の「軍艦建造予算」を提出するが、板垣・大隈ら〝民党〟は結束して繰り返し予算を否決した。当時の内外情勢や政局は複雑な要因がからまり合っていて、民権派対国権派というように単純に整理はできない。ただ世論の底流には、不平等条約の改正はじめ国際社会での日本の地位をあげることや、長年のコンプレックスの源である〝中華権力・清帝国〟と対等になろうとする国民的願望も働いていた。

明治二十六年二月の紀元節に至り、ついに政府は天皇に「建艦の詔勅」を出させた。天皇には逆らえない民党はこれに対抗できず、政府は念願のイギリス製軍艦を買い込んだ。海軍力で清国を圧倒するや、甲午農民戦争（東学農民革命）をきっかけに朝鮮での権益を求めて日清戦争に突入し、国民は熱狂的に支持した。三十一年、政府はまたも日清戦争の穴埋めの増税案を出し、自由・進歩両党は結束して「憲政党」を作ってこれを否決し、伊藤内閣は追い詰められて総辞職する。

一方二つの民党、板垣・大井・河野らの旧自由党系「(立憲)自由党」と、大隈・尾崎・犬養らの旧進歩党系「(立憲)改進党・進歩党」がやっと合同して「憲政党」を作った。三十一年六月三十日、ついに自由民権の両雄である大隈首相と板垣内相による日本最初の政党内閣ができると、世間は〝隈板内閣《わいはん》〟〝自由民権内閣〟と期待する。自由民権運動の集大成ともいうべき歴史的な政府、のはずだった。

しかし共和演説事件や地租の増税をめぐって党内はたびたび混乱した。共和演説事件というのは、文相・尾崎行雄が、〝金に汚染されている今の政治で共和制になれば、三井や三菱が大統領候補になりうる〟と述べた演説が天皇制を侮辱したとして、帝政派などの強い反発を招いた。政府内は対立・混乱して天皇の介入を招く。隈板内閣はわずか四カ月で瓦解して山縣がこれを継いだ。憲政党は再び両派に分裂し、明治三十三年九月に伊藤博文が新党「立憲政友会」を結成して、旧自由党員の大半はそこに呑み込まれ、以後伊藤・山縣時代になっていく。

隈板内閣の瓦解は、文字通り自由民権運動の政治的終焉だった。自由民権運動取り締まりを目的としていた「集会及政社法」は、日清戦争後に先鋭化しつつあった労働運動を標的に「治安警察法」(明治三十三年)にフレームアップされ、その後の「治安維持法」(大正十四年・一九二五年)とともに、日本の敗戦まで人々を縛りつけていった。

五、権利幸福きらひな人に自由湯をば飲ましたい

――オッペケペーと近代演劇の成立

日本にデビューした自由民権ラップ

権利幸福きらひな人に
自由湯をば飲ましたい
オッペケペ
オッペケペッポー、ペッポッポー
堅いかみしも、角取れて
マンテルヅボンに人力車
粋な束髪、ボンネット
貴女に紳士のいで立ちで
うわべの飾りはりっぱだが

政治の思想が欠乏だ
天地の真理が解らない
心に自由の種をまけ
オッペケペ　オッペケペ
オッペケペッポー、ペッポポッポー

自由民権運動の壮士芝居の役者・川上音二郎が歌った「オッペケペッポー、ペッポポッポー」という、リズミカルな節回しと風刺の効いた台詞は、誰もが一度は耳にしたことがあるのではないだろうか。日の丸の軍扇をかざし、鮮やかな緋色の陣羽織に後ろ鉢巻き、滝縞模様《たきじまもよう》の袴をつけた威勢のいい音二郎が演ずる「オッペケペー節」は、〝ご一新〟のイメージとは程遠く混乱する政治、身勝手な藩閥の争い、物価の値上がりに不満を募らす庶民から大喝采を浴びた。「オッペケペー節」はあちこちで自在に作り変えられたらしく、あっという間に一世を風靡した。

川上音二郎のオッペケペー

アメリカで一九六〇年代から七〇年代にマイノリティを中心に大流行したラップは、ベトナム反戦運動を背景に、暴力に代わるレジスタンスの文化的表現として、ブレイクダンスとともに大衆に広がったと言われ、「韻律、リズミカルな演説、ストリートの言葉」といった基準で優劣が競われた。「オッペケペー節」もパンチの効いた台詞と巧みな節回しのリズムで、明治の日本に登場したラップと言えるかもしれない。

自由民権運動に「オッペケペー節」を引っ提げて登場し、文字通り波乱万丈の生涯を送り、日本の近代演劇の礎を築いた川上音二郎。とはいえ演劇の歴史でも日本近代史の中でも、アウトサイダーの芸人・音二郎は演劇人としてまっとうな評価を受けてきたとは言いがたい。学校では教えないし、学生演劇をかじった僕も、後述するように一世紀後の福田善之の芝居『オッペケペ』で初めて知ったくらいだ。しかしスタートしたばかりの近代日本の人々に、〈自由〉や〈民権〉という抽象的な概念を、「オッペケペー節」ほど具体的な例で鮮烈に印象づけ、浸透させた芸能はなかった。

〝逮捕は百七十回、投獄は二十回〟

「自由」「民権」の理念によって、腐敗した薩長政権を刷新しようという運動が盛り上がっていた明治十年代から二十年代にかけて、あちこちの辻や盛り場では、壮士・書生らが熱い政談演説や議論を繰り広げていた。

川上音二郎は文久三年（一八六四年）の元旦、山笠やどんたくで賑わう博多の船問屋に生まれた。母が逝った西南戦争の明治十年（一八七七年）、はやる血を抑えきれずに故郷を飛び出す。まだ十四歳だった。東京で寺の小僧や、洋傘直し、裁判所の給仕をしたり、たまたま福澤諭吉に拾われて慶應義塾の書生も経験したり、京都で巡査もするなど、新しい時代の中の居場所を求めて落ち着かなかった。

政府は高まる自由民権運動と国際的な圧力に押され、明治十四年、憲法制定・国会開設の勅諭を出すとともに、民権運動の取り締まりを強化する。しかし政談演説や薩長の横暴な政治への抗議は、各地で高まる一方だった。運動の中心になった壮士や書生たちが、民権思想を広めるために始めた演劇は、「壮士芝居」「書生芝居」と呼ばれ、「オッペケペー節」は国会開設運動のテーマソングのように明治二十年代の日本を席巻した。

京都の巡査をしていた音二郎は、非番の日に南座の政談演説会を聞きに行って、中江兆民（土佐の思想家）、中島信行（元土佐海援隊、帝国議会初代議長）らの演説に感動して、〝取り締まられる側〟に回って『立憲政党新聞』の名義人を引き受けたという。明治十五年四月、自由党総裁・板垣退助が岐阜で襲われ、直後の六月、土佐では事件の顛末が『東洋自由曙』という芝居になり、七月には岐阜でも『花吹雪伊奈波黄昏』としても上演されて大評判になっていた。音二郎は大いに刺激され、自由党に入って「自由童子」を名乗り、この年、名古屋・大須での政談演説会に弁士となって現れた。

翌明治十六年二月、音二郎は大津の政談演説会で官憲侮辱罪で拘引され、一年間「政談演説禁止」の処分を受けた。十九歳である。しかし壮士にとって逮捕は勲章だ。翌日には「滑稽演説会」と名前を変えて政府批判を続け、だんだん有名になっていったらしい。音二郎は〝逮捕百七十回以上、投獄は二十回〟と自称しているが、官憲の監視・弾圧は厳しいものだった。音二郎や政談演説の壮士だけでなく、俄《にわか》、浄瑠璃、歌舞伎はじめ歌舞音曲や芸能すべてにわたって検閲・弾圧され、民権派の新聞は次々発行停止に追い込まれていく。

川上音二郎の評伝は少なくない。明石鉄也『川上音二郎』、村松梢風『川上音二郎』、藤井宗哲編『自伝 音二郎・貞奴』、井上精三『川上音二郎の生涯』、白川宣力『川上音二郎・貞奴～新聞に見る人物像～』、松永伍一『川上音二郎 近代劇・破天荒な夜明け』、江頭光『博多 川上音二郎』、井上理恵『川上音二郎と貞奴』シリーズ、『演芸画報 名家真相録』の音二郎インタビューもある。ここでは主に井上の論文を下敷きにさせていただく。

政治家を選ぶか？ 役者になるか？

自由民権を叫び政治の刷新をめざしながらも、戊辰戦争の体験もない音二郎は簡単に政治家にはなれなかった。講釈師「自由亭雪梅」を名乗ったり、明治十九年（一八八六年）には大阪の桂文之助の弟子になって「浮世亭○○」と称して落語をやったりした後、翌年には京都の歌舞伎・坂井座で、役者としてデビューした、という説が多い。音二郎自身が〝旧い芝居〟だと批判してきた歌舞伎の世界で生きていく覚悟があったかどうか疑わしいが、ともかく役者の職を得た。

「憲法発布以前すなわち明治二十年前後は、言論の自由を束縛されていたから、時の政府に盲従するを悦ばない志士が、進んで自家の政見を主張しようとすれば（中略）講談落語界に身を投じ、事に寄せて鬱勃《うつぼつ》の気を吐くものあり、また茶番狂言に寓意を借りて、隠に政府に反抗熱を昂《たか》むるものもあった。新演劇の萌芽は、実にこれと同じ理由の下に発生し来ったのである」（藤沢浅二郎「川上夫妻を語る」『自伝 音二郎・貞奴』）。音二郎が、幕間に政談代わりに政治風刺の「オッペケペー節」を歌ったところ、国会開設直前の二十年ごろから、次第に観客に受けるようになったという。ここで音二郎の中に潜んでいた反骨精神が次第に作動しはじめ、大衆を揺り動かす芝居の面白さに目覚めていくのだ。

名古屋公演では、異様な洋装で馬に乗り、大旗を押し立てて法螺《ほら》や太鼓を打ち鳴らす〝おねり〟で衆目を集め、新聞記事にさせた。横浜では、世を騒がせている犯罪事件を上演して劇場支配人と揉め、東京・開盛座では後述の「大阪事件」を演じて、警視庁から再三「禁止・解散」を命じられた。しかし威圧的な官憲を観客の前で面白おかしく罵倒・挑発して、警官や観客を舞台に引きずりこむことで評判を立てていった。〝時代と大衆の気分〟を敏感に摑み、それを巧みに芝居の台詞や仕草に取り入れる音二郎の天賦の才が花開いていくのだった。

オッペケペー節は、大阪の落語家・初代桂文枝が作ったとか諸説あるが、もともと「ヘラヘラ節」として、似たような歌がすでに歌われていたようだ。音二郎自身はこう語っている。「（大阪事件で捕まっていた）大井憲太郎が出獄したとき（明治二十一年）の自由党懇親会の席上でやったのです。中村座のときには政治の革命をかたちづくった心で、後ろ鉢巻きをして陣羽織を着て日の丸の軍扇を持ちました」。

大阪事件というのは、自由党急進派の大井憲太郎らが、朝鮮でクーデターを起こして独立党に政権を握らせようと企てたもので、明治十八年、爆弾製造・強盗などで大井や景山英子ら一三九人が逮捕された事件だ。このころ、音二郎の心はすっかり自由党の〝革命家〟である。痛烈な歌詞は、座員の藤沢浅二郎や若宮万次郎と一緒に考えたと言われるが、音二郎の演技力でブレークしたことは確かだ。

ついに明治二十三年に国会が開かれ、興奮冷めやらぬ翌二十四年、音二郎は大阪俄《にわか》を改良した「書生芝居」を組織して、堺の「卯の日座」で旗揚げする。このころ意気投合した藤沢とともに、『板垣君遭難実記』や『佐賀暴動記』を上演して大当りを取った。藤沢は中江兆民の『東雲新聞』の記者をしたこともあり、川上一座の副座長となって台本を書いたり、その後の音二郎の人生を裏方として支え、後には日活映画の俳優にもなった人物だ。

そしてついにこの年、川上一座は東京に登場する。歌舞伎のうち一番古い浅草・鳥越座（元中村座）に念願の進出を果たし、『板垣君遭難実記』や『オッペケペー節』を演じて喝采をあびた。「この頃、音二郎は〝滑稽俄《こっけいにわか》〟という体質から脱皮して演劇と呼ばれるにふさわしい舞台を見せるほどに成長していった」といわれる（松本伸子『明治演劇論史』）。

亭主の職業は知らないが　おつむは当世のそくはつで

ことばは開化の漢語で　みそかのことわりカメ（＊ペットの犬）抱いて
不似合だ　およしなさい　なんにも知らずに知った顔
むやみに西洋を鼻にかけ　日本酒なんぞはのまれない
ビールにブランデーベルモット　腹にもなれない洋食を
やたらに喰ふのもまけおしみ　ないしよでこうか（＊トイレ）でへどついて
まじめな顔してコーヒ飲む　おかしいね
ヱラペケペッポー　ペッポーポー

aibo：音二郎は政治家になりたかったのか、それとも芝居が好きだったんかね？

masa：龍馬や西郷のように、革命運動をしたかったんだよ。でも集会条例、新聞紙条例なんかが民権運動潰しにてきめんに利いたんだよな。明治二十一年の保安条例で、尾崎行雄・中江兆民ら民権派五七〇人が東京から追放されていったし。

aibo：その点、芝居は自在で面白かっただろうね。

masa：僕も京都で学生になったころ、六〇年安保の残り香と闘争の郷愁ばかりが立ち込めていて、先輩はイライラしてたよ。「風波」という書生芝居に入ったんだけど、いつも芝居の練習よりもデモの方に議論とエネルギーを使ってたよ。

aibo：六〇年安保のあとに、まだデモのテーマが残ってたかい？

masa：大学管理法だの日韓条約反対だのいろいろあったよ。パレスチナや北朝鮮へのハイジャックとか、「世界同時革命」を本気でめざすのも結構いてさ。僕らは芝居なんかやりながら、不完全燃焼だったね。柴田翔の『されどわれらが日々』が流行ってたよ。

西洋演劇にめざめた音二郎

爆発的な人気によって、文字通り〝時代の寵児〟になった川上一座には、伊藤博文や金子堅太郎、井上馨、黒田清隆、西園寺公望ら名だたる政治家や大商人、花街の遊び人までが押し寄せた。鳥越座の興行中、明治二十四年（一八九一年）六月、評判を聞いた市村座のスーパースター尾上菊五郎（五代目）が門人を引き連れてやって来た。続いて大御所市川團十郎（九代目）さえもやってきて、弟子たちに〝川上一座は素人だが、その心意気は見習うべきものがある〟と訓示したという。團十郎を慕う音二郎とは、その後長い付き合いになる。

貞奴

　他方、音二郎の生涯のパートナーとなる貞（後に貞奴）は、明治四年という新しい時代に、日本橋の両替商・小山家に生まれた。芸者置屋・浜田可免《かめ》の養女に出され、「小奴」と呼ばれた。小奴は並外れた才能と美貌に恵まれていたようで、可免のしつけもあってめきめき頭角を現す。当時女性には許されなかった乗馬や水泳など、男勝りの技能も身に付け、葭町の売れっ子芸者「奴」

に成長した。時代は文明開化、鹿鳴館花盛りで、待合・芸者文化は花形産業だった。花柳界の序列は柳橋・新橋が一等で花代が一円、奴のいた日本橋や数寄屋橋は二等で八〇銭だったという。

明治二十年、幸運にも十六歳で飛ぶ鳥を落とす勢いの初代総理大臣・伊藤博文に水揚げされる。伊藤は芝居見物や憲法草案を練るような場所にも奴を連れ回して可愛がったという。三年で伊藤との〝契約〟を離れ、一流の踊り手として人気の高かった奴は、横綱・小錦や役者・中村福助とも浮名を流していた。新しい世の中での新しい生き方を求める奴は全力でぶつかる相手を求めていた。

そして鳥越座に入り浸るようになって川上音二郎に出会った。開口一番、「自分は代議士になることが目的だ」と豪語した音二郎に、奴は一目惚れしたとか。瞬く間に役者と贔屓の関係を越える運命的な関係になっていき、明治二十七年、音二郎と奴改め「貞奴」は華々しく結婚する。仲人は伊藤の側近で音二郎と同郷の金子堅太郎だった。

日本初のギリシャ悲劇を上演

もともと政治に強い興味があった音二郎は、政治・経済の基礎的な知識、世界の動向についても、政権側近たちからさまざまな情報を得た。西洋事情を知るにつれ、居ても立ってもいられなくなった音二郎は、明治二十六年（一八九三年）、単身でフランスに渡った。ホンモノの西洋文明や近代演劇を自分の眼で確かめたかった。劇場や舞台の作りから、装置、大道具、音響や電気照明、俳優の動きや訓練法、観客の扱い方から劇場経営まで、日本のとの違いにショックを受けたことだろう。その費用は奴が出したともいう。僕のような素人でも、三十年ほど前、ニューヨークのブロードウェイで、『オペラ座の怪人』を観た時は、以前劇団四季のものを見ていたにも拘わらず、日本の舞台とは全く違う豪奢な雰囲気やドラマティックな演出に息を呑んだのだから、音二郎の衝撃はどれほどだっただろうか。

音二郎は帰国後、『オイディプス王』をヒントにして、日本初のギリシャ悲劇となる『意外』、『また意外』、『またまた意外』を連続上演し、音曲に依存しない台詞中心の西洋演劇を「正劇」と名付けて、世間に問いかけた。

さらに二十七年に日清戦争が始まると、政府の援助で十月に韓国の戦場を視察し、早速十二月には『壮絶快絶日清戦争』、『戦地見聞日記』などを上演する。煙幕や花火などを使って、実戦さながらの戦闘スペクタクルを舞台に再現して大評判になった。

音二郎は、ジャーナリスティックなテーマと巧みな演出で、日本の観客に現代的な演劇のモデルを見せつけたのだ。歌舞伎一辺倒だった日本の演劇世界を変えたいという野心が溢れていた。一方、渡航の便宜をはかった政府にとっては、音二郎の〝戦争翼賛芝居〟は、格好の

川上音二郎・日清戦争劇

プロパガンダの役割を果たしたに違いない。翌年、團十郎・菊五郎も歌舞伎座で『海陸連勝日章旗』を上演したが、川上一座の迫力には及ばなかったという。

手漕ぎのボート「日本丸」で海外へ

日清戦争劇が大当たりをとって勢いにのる音二郎は、明治二十九年（一八九六年）、莫大な借金と貞奴の助力で、野心的な西洋式の劇場「川上座」を神田にオープンさせ、さまざまな翻訳劇を上演した。しかし、西洋演劇の時代はまだ早かった。歌舞伎に慣れた客の意識は簡単には変らず、劇場を売らざるを得なくなってしまう。その後、政治に未練を残していた音二郎は、芝居の人気を頼りに二度にわたって衆議院選挙に出馬するが、あえなく落選。多額の借金だけが残った。

三十一年、追い詰められた音二郎と貞奴は、十三歳の姪・しげと愛犬フクを連れて、築地河岸から手漕ぎのボート「日本丸」で、海外へ脱出を図ろうとした。〝狂気の沙汰〟だとして、何人もが止めに入ったが聞かなかった。音二郎は自殺しようとしたのだとも、大芝居だったとも言われる。もちろんこの無謀な試みは失敗する。命からがら神戸までたどり着くさまは、メディアには大々的に報じられた。人気だけは続いていたが、次第に日本には居づらくなっていた……。

『自伝 音二郎・貞奴』は、当時の彼らの行動や心境を赤裸々に記していて、非常に面白い。しかし本人が脚色しているとも言われ、正確な事実はわからない。ただ「自由民権運動の正義の壮士集団」というイメージとはかなり違っていて、当時の芸者や役者世界の〝ケンカ・色事〟や

〝飲む・打つ・買う〟など日常の風俗習慣、さらに品行方正とはいえない書生・壮士の生活などもあからさまに描かれている。

二人の〝大恋愛〟や、新しい演劇を切り拓いていく波乱万丈の人生は、山口玲子『女優貞奴』や杉本苑子『マダム貞奴』、これを原作にしたＮＨＫの大河ドラマ『春の波濤』（一九八五年）、そのほか多数の小説・論文があって興味がつきない。音二郎・貞奴の物語が相当に脚色して伝わっているにせよ、何の地位も後ろ盾もなかった書生芝居の芸人・音二郎が、日本が土台から変革される時代に生身で向き合い、無名の貞奴と二人で、ドン・キホーテを地で行くように必死に新しい演劇世界を創っていった破天荒な生き方に心を揺さぶられるのだ。予定調和のドラマを見慣れた現代人の想像を絶する、文字通り命を懸けた近代演劇創造の真剣勝負だった。

踊る音二郎と貞奴

ジャポニスムに油を注いだ川上一座

大きな借金を抱えて居場所がなくなった音二郎は、ついに一座を率いてアメリカに脱出する。慣れない土地で悪いプロモーターに騙されながら、食うや食わずでアメリカ横断の巡業を続けた。二人の大事な同志も亡くすなど、文字通り苦難の旅をなんとか乗り越えた音二郎一行は、世紀末の明治三十二年（一八九九年）、多くの好意に恵まれ、「日本帝国演劇集団」を名乗ってイギリスに渡り、ラッキーなことに王室の観覧の栄誉を得た。

自伝によれば、バッキンガム宮殿の庭に設えられた舞台には、どうやって手に入れたのか岐阜提灯が吊るされた花道さえあったという。王室の一族らの観客がひしめく中での演目は、ヨーロッパ人に人気がある派手な立ち回り、チャンバラを盛り込んだ「児島高徳」や、日本舞踊の貞奴のあで姿と壮絶な死をモチーフにした「芸者と武士」だった。前者は『太平記』などに伝えられ、南北朝時代に後醍醐天皇に尽くした忠臣の物語。後者は歌舞伎の演目で、華やかな吉原での恋敵の喧嘩「鞘当《さやあて》」と、安珍・清姫伝説による日本舞踊「（娘）道成寺」をミックスした珍奇な芝居だった。〝チャンバラとハラキリ〟の場面を台本に入れるよう、興行主からしばしば求められたという。

歌舞伎の当たり狂言を都合よくつなぎ合わせ、外国人に分かり易く演出した、音二郎苦心の作だった。当時流行の東洋趣味、オリエンタリズムの雰囲気満載で、ヨーロッパのジャポニスムへの熱狂がしのばれる。ちなみに天皇に尽くす児島高徳像は、イギリス人にはよく理解されたが、王というものを知らないアメリカ人には分からなかったらしい。

周知のように、十九世紀半ばごろからヨーロッパに広がりはじめた日本文化の人気は次第に高まり、ジャポニスムとして陶磁器や浮世絵など美術工芸品の分野から、建物・庭園・家具・デザインにまで広がっていった。モネ、ロートレック、ドガ、オーギュスト・ルノアールやゴッホなどの絵画、ドビュッシーの音楽などに深い影響を与えていたという。

ロンドンで大成功した川上一座は、ジャポニスム人気真っ盛りの一九〇〇年六月、万国博が開かれているパリのロイ・フラー劇場の花舞台に招かれて劇的に登場した。ヨーロッパの知識人にとって、〝あこがれの日本〟からはるばるやってきた川上一座の歌舞伎風東洋芝居は、たちまちジイド、ピカソ、クレー、ロダンらを魅了し、批評家たちから絶賛された。「サラ・ベルナールがフランスの女優なら、貞奴は世界の女優だ」とまで書かれたという。八月にはルーベ大統領のエリーゼ宮で、特別興行まで行われた。

貞奴のパフォーマンスに魅了されたヨーロッパ

後日、一九〇二年（明治三十五年）にフィレンツェでの彼らの公演を見たパウル・クレーは、貞奴の演技を「結局彼女のすべてが可愛いのだ。これは妖精なのか、それとも現実の女なのか。現実の妖精なのだ」と無条件に絶賛する一方、「伴奏の音楽は、野蛮というものにつきる。グロテスクなユーモアだ」と日記に記したという。「しかし、彼らが魅了されたのは貞奴のパフォーマンスや存在感であり、彼女の演技を引き立てているのは、ヨーロッパの観衆に何が受けるのかを川上音二郎が考えた上で選択され、改作された歌舞伎の演目である。そこには当時のフランスにおける、見慣れぬ極東のエキゾチックな舞台芸術に対する強い関心が窺えるが、それは自分たちとは異質の者に対する興味と評価である」（安藤真澄「ドビュッシーとジャポニスムをめぐる音楽社会学的考察」南山大学紀要『アカデミア』)。

なおちょうどこの時期、ジャポニスムのブームに乗って、同じような「芸者の仇討ち」「ハラキリ」などの芝居でヨーロッパを巡り、ロダンのモデルにもなった「花子(本名太田ひさ)」の物語も、森鷗外『花子』などで知られるが、貞奴の相似形といっていい。花子の墓は岐阜市の浄土寺にある(澤田助太郎『ロダンと花子』)。

万博終了まで続いた川上一座の公演の主な演目は、「芸者と武士」二一八回、「袈裟(御前)」八三回、「児島高徳」二九回、「左甚五郎」三四回、計三六四回にもなり、音二郎はフランス政府から破格のアカデミー勲章(オフィシエ)までも授与された。

この栄誉に、はたして音二郎は満足したのだろうか? ここに至るまでの労苦は、文字通り命懸けのものだったし、貴重な何人かの座員も失ったのだから、大きな達成感はあったに違いない。しかしハラキリ場面で大喝采を受けた違和感を含めて、日本文化への誤解や過大評価、単にジャポニスムに興奮している時代が重なっていることを、音二郎自身が苦々しく熟知していたに違いない。その一方で、〈世界の演劇〉に出会って、〈日本の芸能〉、〈演劇の歴史や本質〉を見直し、日本での演劇改革への意欲を胸に大きく膨らませていたのかもしれない。

aibo：板垣退助、植木枝盛ら自由民権家たちが大きな影響を受けたフランス革命の本場での公演だよね。かなり張り切って行ったのかな? と想像するんやけど。

masa：何も知らなかったころは、フランスは憧れやったろう。でもね、現実の複雑な社会や、商売としての演劇を知ってしまった後だし、パリ・コミューン（一八七一年）も花火のように終わった後だから、もうフランス革命への憧れは卒業してたんじゃないかな。

aibo：日本でも維新から三十年以上経ってるし、すでに革命への幻想はないよね。逆にフランス人は、明治維新や民権運動を知ってたやろか？

masa：ジャポニスムは別として、日本の政治にはまったく関心なかったやろ。

aibo：このころ、ヨーロッパは植民地獲得合戦の最中や。階級対立も進んで、第一次ロシア革命や世界大戦の直前で、プロレタリア革命が視野に入ってくるころや。

masa：自由民権運動とフランス革命の出会い、という僕のイメージは妄想やったね。もう「自由・平等・友愛」の時代やなかった。

改革されていく演劇

ところで維新前後の視察団や留学生たちが欧米で体験した近代劇は、舞台といえば能・狂言・歌舞伎・文楽しか知らなかった日本人に、大きな刺激を与えた。何よりも西欧列強に伍することが先決だった政府は、文化・風俗の改良を図ろうと、明治五年（一八七二年）歌舞伎への監督を強める。中村座・市村座・森田座（守田座）など主な芝居小屋のリーダーを集め、「高い身分の方や外国人」の鑑賞に堪えられるように、「勧善懲悪を旨とし、史実に忠実な高尚な作品（活歴物）」

を上演するよう指導した。

新富座を開いた守田勘彌は、率先してガス灯を灯し、洋式の客席を設け、各国大使・公使を招いて、丁髷《ちょんまげ》に替えて散切り頭に燕尾服で挨拶して、「散切り頭を叩いて見れば、文明開化の音がする」と囃された。十九年には、伊藤博文の女婿・末松謙澄や井上馨、福地桜痴、森有礼、渋沢栄一など各界の有力者の「演劇改良会」が、脚本の改良、劇作家の地位向上、国立劇場建設（現・帝国劇場）などを進めていく。

英雄・豪傑を求め、涙やチャンバラが好きで手軽な娯楽を求める観客の意識はなかなか変わらなかったようだが、九代目團十郎、五代目菊五郎らは粘り強く改革を進めた。写実的な演出や史実に則した時代考証などで歌舞伎の近代化を図る一方、伝統的な「荒事」を整理して現在まで伝わる多くの形を決めるなど、日本文化を代表する芸術にまで高めることに尽力し続けた。音二郎も深く私淑していたようだ。

一方、型にはまった芝居見物に一大旋風を巻き起こしたのは、自由党の角藤定憲《すどうさだのり》が中江兆民の援助を得て大阪で旗揚げした「大日本壮士改良演劇会」の壮士・書生芝居運動だった。薩長藩閥による政治の私物化、経済利権の奪い合いへの批判が燃え上がる中へ、颯爽と登場したスーパースターこそが川上音二郎。憲法制定、国会開設を控えて各地で燃え上がる自由民権運動の〝テーマソング〟になったのが「オッペケペー」だった。一種のプロパガンダではあったが、〝古い歌舞伎〟に対して〝新演劇・新時代〟のシンボルになっていった。

「女優」がいなかった日本

一九〇〇年（明治三十三年）のパリ万博で大喝采を博した音二郎は、翌年、態勢を整えて再度ヨーロッパへ渡る。六月のロンドン公演を皮切りに、パリ、ベルリン、ウィーン、ブダペスト、ワルシャワ、ロシア、イタリア、スペイン、ポルトガルと巡演して、本格的に世界の演劇から学んだ。一九〇二年に帰国した音二郎は、歌舞伎のように歌舞音曲に頼る舞台ではなく、しっかりした脚本とセリフを中心にした本来の演劇「正劇」の成立をめざす。後の「新劇」の萌芽である。翌年、明治座での正劇初演には、シェークスピアの『オセロ』（江見水蔭脚色）を選んだ。このとき、デズデモーナを演じたのは、音二郎の妻・貞奴だった。

ベルリンの貞奴

貞奴自身は演技の基礎的な訓練を受けていないので、〝女優〟になることにかなり抵抗したようだが、当時日本に女優というものは存在しなかった。明治四十二年に小山内薫と二代目市川左團次が近代演劇のための「自由劇場」を創り、イプセンの『ジョン・ガブリエル・ボルクマン』を上演したときさえ、女性の役は女形が演じていた。

音二郎はその後、明治三十六年に『ベニスの商人』

を明治座で、本郷座で『ハムレット』を上演する。この本郷座での公演では、それまで木戸銭（入場料）以外に習慣になっていた敷物代など「中銭」や「茶屋」を全廃し、また入場料を安くして切符制を採用。上演時間の短縮、舞台装置を洋画家に依頼するなど、芝居業界とトラブルを起こしながらも、従来の興行の改革に取り組んでいく。

パリ万博で録音された「オッペケペー」

『蘇るオッペケペー　一九〇〇年パリ万博の川上一座』というタイトルの、一枚のＣＤがある。パリでの興行の際に、イギリスのグラモフォン・レコード社が録音したものだ。従来、円筒型の蠟管に記録されていた音声を、一八八七年、ドイツ人エミール・ベルリナーは平らな円盤を使って録音／再生する機械（レコード盤）を発明し、「グラモフォン」の商標で売り出した。カタログで注文を取り販売するため、さまざまな音楽や演説、珍しい音などを懸命に集めていた。大評判を取っていた川上一座の公演は、レコードにして売るには絶好のソフトだと考えた。グッドアイディアである。

ＳＰ盤にして売り出したようだが、当時ヨーロッパでどれだけ売れたのか分からない。日本ではそもそも蓄音器というものがまだなかったので、日本での商売にはならなかった。ジャポニスムブームから百年近く世間から忘れ去られていたこの〝骨とう品〟を再発見したのは、イギリスのプリガム・ヤング大学教授のＪ・スコット・ミラーだ。

日本文化を研究していたミラーは、一九八七年（昭和六十二年）、グラモフォンを引き継いでいたロンドンのレコード会社・EMIの資料室でこれを見つけ出し、東芝EMIが十年がかりで復刻したという。「一九〇〇年、パリ、万国博覧会。マイクの前に立った九人の日本人がいた。レコード史を塗り替えた日本人初の商業録音。九七年ぶりの新発見!!」とあるキャプションからは、ミラーと一緒に監修・解説にあたった都家歌六、岡田則夫、山本進、千野喜資らのチームの感動と誇りが読み取れる。

ここに録音されたレパートリーは、「1、オッペケペー　惣一座」から始まって、「2、長唄　鞍馬山・富士田千之助／杵屋若三郎」、「3、勤皇美談　備後三郎　院の庄の場・藤川岩之助」、「4、遠山政談　瀧坪・高浪定二郎」から「28、大薩摩　楠公・杵屋若三郎／富士田千之助」まで、計二八曲の一座の演目が並ぶ。このほかにも、曽我兄弟、楠正成、勧進帳、助六など歌舞伎の人気外題や、長唄・詩吟・端唄《はうた》などの各種の音曲、音二郎の当たり狂言「日清戦争　北京牢獄」など、バラエティに富んだものだ。それぞれの演目の冒頭に、座員が代わる代わる口上を述べた後、演じている。

踊る貞奴を見ることができる？

百二十年後の今、僕が初めて聴いて意外に感じたことがいくつもある。一つは、まず百年前に録音された音質が、きわめて鮮明なことに驚かされる。復元も含めた技術の確かさだろう。また一座の口上の口調が、現代の日本語に近くほとんど違和感がないことも意外だった。彼らが今生きていても、現代日本の芸能にあまり驚かないのかもしれない。むしろ現代の〝芸の衰退〟を嘆くのではないだろうか？

さらに、再発見したミラーの言葉を借りると、『オッペケペー節』などの語りのスピードが「機関銃のように速い」ことも意外で、芸人のパフォーマンスは百年前もこんな速かったのかとびっくりした。また物語の大半に、何らかの親しみや馴染みを感じることも自覚した。僕自身は気づいていなかったのだが、〝日本的な文化〟の断片的な知識や感性が、自分の中にも埋もれているのを再認識した。戦後の少年期に、ラジオや貸本文化に浸っていた中で刷り込まれたものだろうか。

収録の時音二郎自身は忙しすぎて、収録作業は座員任せにしたらしく、非常に残念ながら音二郎と貞奴本人の肉声は録音されていない。しかし、初めてレコードに吹き込まれた日本人の肉声として、きわめて貴重なものに違いない。

ちなみに、映画の発明者・リュミエール兄弟は、早くも一八九七年（明治三十年）、カメラマンのヴェールを初めて日本に送って、明治時代の風俗を記録しているが、一九〇三年にも再度来日した際、川上一座を撮ったことも分かっている。フランス・リヨンのリュミエール美術館に行けば、踊る貞奴らの映像を見ることができるのだろうか。ちなみにＮＨＫのドラマプロデューサーだった元同僚に問い合わせたが、音二郎／貞奴の音声や映像があるとは、聞いたことはないという。録音されている『オッペケペー』は以下の通りだ。

欧米漫遊の川上一座が、専売の「オッペケペー」をお聞きに達しまする。
〽ままにならぬは　浮世のならい　飯《まま》になるのは米ばかり
〽ア　オッペケペー　オッペケペッポー　ペッポッポー
〽不景気極まる今日に　細民困窮省みず
目深かに被った高帽子　金の指輪に金時計
権門貴顕に膝を曲げ　芸者幇間《たいこ》に金を撒き
内には米を倉に積み　ただし冥土の御土産か
地獄で閻魔《えんま》に面会し、賄賂《わいろ》使うて極楽へ
行けるかえ　行けないよ
〽オッペケペー　オッペケペッポー　ペッポッポーィ
〽親が窮すりゃ緞子《どんす》のふとん　敷いて娘は玉の輿
〽オッペケペー　オッペケペッポー　ペッポッポー
〽娘の肩掛け立派だが　父つァん毛布《ケット》を首にまき
どちらもお客をのせたがる　帰り俥《くるま》は駆け引きだ
本当に転覆《かえ》しちゃ危ないよ　オヤいけないね、

〽オッペケペー　オッペケペッポー　ペッポポッポーィ

〝もう一つのオッペケペ〟と福田善之

音二郎と近代演劇の成立をフォローしながら、どうしても触れておきたいのは、戦後を代表する劇作家の一人・福田善之の痛烈な風刺劇、もう一つの『オッペケペ』のことだ。一九六三年（昭和三十八年）に劇団新人会のために福田が書き、観世榮夫の演出で若者たちを魅了した。

福田版『オッペケペ』の舞台は、日露戦争前夜に川上一座をパロディにした「城山剣竜一座」で、上演している『板垣退助君岐阜遭難実記』の楽屋と観客席という設定である。〝板垣死すとも自由は死せず〟というあの〝名場面〟のドロドロの舞台裏だ。かつて自由民権一筋だった一座は、東京の中村座、歌舞伎座へと出世して評判を呼んでいく。国会開設後の圧倒的な国威発揚、国権主義への世論の中で、川上一座は興行の大成功に浮かれ、次第に戦争劇へと傾斜していく時期だ。

芝居では、民権運動にあこがれて一座に飛び込んできた若い壮士・辰也が、民権芝居から商業主義に変節する剣竜（音二郎）に失望していく場面……。第二場、辰也が城山座長（音二郎）や一座に食ってかかる。

辰也　朝鮮人民の解放はもとより賛成です。しかし、日本人民は真に解放されているんですか。

民権がいつ確立したんです。それを妨げ、圧抑しているのが藩閥政治ではないのですか？　日本人民を圧抑している日本政府が朝鮮人民の解放の義戦に兵を出す。おかしくはありませんか？　さらに、その政府に日本民権確立を志す人びとがすべて欣然協力する、これはもっとおかしくないのですか？

そして終幕、舞台上に一座の舞台と客席が設けられ、観客・警官・軍人などに扮した役者たちと、現実の観客が向かい合うという二重の仕掛け、「二重舞台」「メタ劇場」構造になっている。その二つの客席の間で、一座に叛乱を起こした辰也が真剣をかざして両側の観客に迫っていく。

辰也　（語気するどく）オッペケペ！
観客　（何人かが声をあわせて）オッペケペ！
辰也　権利幸福きらいな人に　自由湯をば飲ませたい。オッペケペ！
観客　（囃す）オッペケペッポ、ペッポポッポー！　（中略）
辰也　自由捨てるも国のため、権利いらぬが大和魂、オッペケペッポ、ペッポポッポー！
万歳歓呼に送られて、万歳歓呼に送られて、出征するのはよいけれど……オッペケペ！
あとにのこれる妻や子が、三度の飯さえ血の涙、三度のめしさえ……
（客席から、軍人の怒号……騒然となる……）

辰也　オッペケペ！　朝鮮人民解放と、朝鮮人民解放と、うわべの言葉はよいけれど、オッペケペ……人の命の殺し合い、人の命の……

もはや完全に劇場は罵声、怒号に包まれる。観客総立ち。「国賊！」「清国の密偵じゃ！」「ちゃんちゃん坊主の手先だ！」。辰也のうたはその中に呑みこまれてまったく聞こえなくなる……怒り狂った観客たち……（中略）すでに舞台は暗黒。幕が下りてくる。劇の終了を示すスライドが映写される。

「日本の資本主義の発展とともに、労働運動が胎動をはじめる。幸徳伝次郎（秋水）らによって社会民主党が結成されたのは明治三四年であった。日清戦争後、新演劇は数座の分立時代をむかえるが、日露戦役（明治三七、三八年）時には競って戦争劇をくりかえし上演、やがて、『金色夜叉』『婦系図』らの当たり狂言による爛熟期にいたる」

安保反対運動挫折の中から

この『オッペケペ』を、二〇〇七年（平成十九年）に流山児《りゅうざんじ》★事務所が観世榮夫演出で再演した。そのチラシのメッセージ。「六〇年安保闘争時の敗北と挫折を活写した名作『真田風雲録』と並ぶ、福田善之の傑作群像劇。自由、民権といった志で始まった「壮士劇」が、権力にとりまかれ「戦争高揚劇」へと至る流れを、さまざまな役者や政治家の思惑、男女の恋模様も交えて描く歴史群像劇。「壮士劇を上演する劇団の舞台稽古」という多重劇（メタ・シアター）構造で福田善之が「自由とは何か」を問う戦後演劇の代表作。原戯曲では「演出家」が登場するという構造を、二〇〇七年版は「作家」が登場して『オッペケペ』の世界を語るという改訂版上演となる」。

福田は一九三一年（昭和六年）生まれ。木下順二、岡倉士朗に師事して劇団青年芸術劇場（青芸）に参加。『長い墓標の列』『遠くまで行くんだ』『真田風雲録』『オッペケペ』『袴垂れはどこだ』など、時代と対峙する若者たちの痛切な心情を描く戯曲を次々発表していった。青芸は劇団民芸の指導者だった宇野重吉、滝沢修らの弟子たち米倉斉加年、岡村春彦、岩下浩らが一九五九年、安保闘争の火中で結成し、「安保阻止新劇人会議」の中心になっていった。新劇人会議の宣伝カーの上ではいつも福田がマイクを握り、演出家・観世、作曲家・林光、美術家・朝倉摂らと共に闘っていたという（扇田昭彦『日本の現代演劇』）。

後に「状況劇場」を作る唐十郎、「黒テント」の佐藤信らも青芸研究生だった。社会党・共産党・総評など「安保阻止国民会議」に加わり、連日、デモや街頭行動に参加するものの、国民会議が本気で安保条約を阻止するつもりがないことに違和感を持ち、青芸は全学連や東京地評などの急進的な運動に加わっていく。このときの挫折感を、大坂夏の陣で孤軍奮闘した真田幸村を描いた『真田風雲録』や『袴垂れはどこだ』などに託したという。

舞台の上に作った「メタ舞台とメタ客席」によって、舞台上の観客と現実の観客とを向き合わせて議論する緊迫した構造や、演出家や作家まで登場させて特権的な立場を容赦しない芝居として、福田はその狙いを表現した。既成の〝革新運動〟にびまんしている予定調和的な〝闘い〟、〝民衆・大衆・民主主義・平和〟という名目の思考停止を、痛烈に批判したのだった。六〇年安保直後に大学に入り、目的を失って漂流するキャンパスの雰囲気にイライラしていた僕も、福田に憑りつかれた一人だった。

叛乱を起こす小劇場運動

一九六〇年代末から七〇年代にかけて、ベトナム戦争、各地の学園闘争、反公害運動、三里塚空港阻止闘争、女性解放運動などに触発されたり、また新左翼の闘いと連動しながら、別役実、井上ひさしら多くの劇作家・演劇人も、新しい演劇を模索していた。その多くは「大きな劇場」を離れ、「小劇場運動」「アングラ劇場」と呼ばれていた。

戦後の新劇は、民芸・俳優座・文学座の〝御三家〟を中心とする多くの左翼系劇団が主流を占め、その観客組織である労演（勤労者演劇協議会）は、革新政党と寄り添いつつ「民主的、民族的な演劇の普及と発展のための勤労者による新劇鑑賞団体」とされていた。僕は学生時代以来の会員でもあった。しかし小劇場運動は、明確にそういう予定調和的な演劇の政治的利用を否定していた。形式化した戯曲や演技、安定した観客制度、左翼的政治性に依存することを拒んだ。

中でも唐十郎の「状況劇場（紅テント）」、鈴木忠志の「早稲田小劇場」、佐藤信の「68／71黒色テント」は〝アングラ御三家〟と呼ばれた。さらに演劇という範疇を超えているといわれた寺山修司の「天井桟敷」などの小劇場運動は、従来の新劇システムに激震を与えた。俳優座養成所から生まれた「自由劇場」や、福田らの「青芸」、蜷川幸雄・清水邦夫らの「現代人劇場」からは、ベトナム戦争へ送られる戦車を阻止する闘争へ走る人たちも出てくる。挑発された観客が、演出上の機動隊と本気でぶつかったり、劇場内でデモをしたり、殴り合うようなことも起こった。百年前の川上一座など壮士芝居時代の、巡査と観客の対応とそっくりだった。

紅テント『二都物語』の衝撃

唐十郎は一九六七年（昭和四十二年）、新宿・花園神社境内に紅いテントを建て、『腰巻お仙―義理人情いろはにほへと篇』で旗揚げした。その後『アリババ』、『由井正雪』などを上演するのだが、過激な演出が〝公序良俗に反する〟として神社から追い出される。東京はベトナム戦争や日米安保の自動延長に抗議する若者たちで騒然としていた。六九年一月三日、東京都の中止命令を無視し、二百人の機動隊に包囲されながら、紅テントは新宿西口で『腰巻お仙・振袖火事の巻』公演をゲリラ的に決行した。唐十郎、李礼仙（故・李麗仙）らが都市公園法違反で逮捕される。

しかし唐の炎はますます燃え上っていく。七二年、戒厳令下の韓国に渡り、朴正熙《パクチョンヒ》独裁政権に抵抗・弾圧され、保釈中だった詩人・金芝河《キムジハ》と協力して、日本の植民地時代をテーマに『二都物語』を書く。ソウル・西江大学構内で、無許可のまま金芝河の『金冠のイエス』とともに『二都物語』を韓国語で上演すると、韓国内は騒然となった。さらに翌七三年には、バングラデシュのダッカ、チッタゴンで『ベンガルの虎』、七四年にはレバノン、シリアの難民キャンプで『アラブ版・風の又三郎』をいずれも現地語で公演し、その挑発的な活動は演劇界に旋風を巻き起こしていった。

紅テントの挑発的パワーを僕が実感したのは、岐阜市内を貫流する長良川で、唐が『二都物語』を打ったときのことだ。日時の記憶が定かでないのだが、上野の水上音楽堂で『二都物語』が初演されたのが一九七二年四月だから、同年末か翌年あたりだったか。暮れゆく長良川の広い河原にニョッキリ立ち上がった噂の紅テントは、好奇心いっぱいの僕らをドキドキさせるに十分だった。観客は、固い石ころの上でぎゅうぎゅう押し合いながら座っていた。

『二都物語』は、植民地・朝鮮で日本の憲兵に兄を殺され、その面影を求めて日本に渡り、他人の妹になり替わった少女リーランの数奇で幻想的な物語。リーランの復讐によって憲兵の父を殺され、戸籍を失って〝幽霊民族〟になった元日本兵たちが、ダジャレやギャグの速射砲で、腐敗した権力や市民社会を撃ち、観客を挑発する。グロテスクで猥雑でありながら、能のように過去と現在の時空を超える生者と死者、日本と朝鮮半島を行き来する回転木馬が、多元的・重層的なイメージを氾濫させる。「無頼で野性的でエネルギッシュな演技（扇田）」に、僕は酔っていった。

〽海峡の上を　コートをかぶって駆けてゆこうよ

赤い木馬が　いつあたしたちを蹄にかけるか分からなくても
あんたは　あたしを連れてゆくの
暗いコートの下で
時間がなくなってしまうまで……

歌い終わってリーランは、兄に刺されながらテントの天井によじ登り、大見得を切る。「あたしは死なない。海峡を往来する不滅の女だもの！」。そして絶妙な屋台くずしで奥のテントがさっと開け放たれると、眼前には玄界灘に見立てた長良川が黒々と観客を呑み込んで広がる。同時に川の中から一台のトラックが轟音をたてて、バックでテントに突入してくる。茫然としている観客をしり目に、リーランは赤い木馬に跨ってトラックに飛び移り、水しぶきを立てながら朝鮮海峡のぬばたまの闇に消えていくのだった……。

特権的肉体というイリュージョン

何というカッコよさ！　この芝居にはシビれた。音二郎のオッペケペを見た人たちは、こういう感覚だったのだろうか？　これまでの芝居の決まり事を破壊する〝行儀の悪い〟唐十郎の演出、こんがらがった脈絡や錯綜するイメージ、個性的な役者たちのむき出しの演技、〝朝鮮タブー〟の大胆な破壊に、度肝を抜かれた。新劇の基礎的常識である「スタニスラフスキー・システム」

や「社会主義リアリズム」などの優等生的な感覚では考えもつかない、ショッキングな芝居だった。

唐十郎は『特権的肉体論』に言う。「文学に特権的時間という言葉があるならば、役者がつくる演劇には特権的肉体という言葉もあるだろう。そして特権的肉体というイリュージョンは、即、時代的肉体の影法師をかい間見せる筈だ。劇的な想像力は、このような肉体を通しての現前化という回路をもたなければ、可視的に形象化されることはない。だからこそ、観るものはそこに形成される形象に、あえて参加するという行為をもってわが身の劇的な想像力を目覚めさせるのだ。」「例えば近代演劇を見たまえ。それらは演劇ではなく文学の範疇だ。あるいはプロレタリア演劇を見たまえ。あれらはすべて政治におけるプログラムではないか。そのほか、博物館行きの歌舞伎、帝劇、慰安婦としての新派、軽演劇……。もはや戯曲の中にある作家の劇的な精神が役者を動かすのではない。劇的な役者の精神が戯曲を呼び起こすのだと僕がいえば、そこにいる劇作家然とした奴らは嫌な顔をするにちがいない。」創造する者は、いつでも既存の権威を破壊しなければ進めない。

aibo：おまえのテーマが自由民権から、何で演劇改革になっちゃったんだ？

masa：う〜ん、その屈折の説明は難しいなぁ。役者にならずに就職しちまったことへの〝後ろめたさ〟みたいなこともあるかな。政治家になれずに役者になった音二郎はどうなんだろう？

紅テントを観た僕は、安全地帯でのうのうと予定調和的なテレビ番組を作る仕事をしている場合じゃない、とひどく焦ったんだよ。

aibo：予定調和じゃない番組を作ればよかったんじゃないの？

masa：その通りや。行けるところまでは行こうと小さな決意はしたね。時々ドブにはまりそうになったとき、状況劇場やら天井桟敷をみると背筋がピンとするんだよね。

aibo：生きていくとき、それぞれの「思想の砥石」みたいなもんが何か必要だよな。

小劇場運動の一つのセンターとして自由劇場・六月劇場・発見の会によって作られた「演劇センター68／69」はこう宣言する。「われわれは自分たちが否応なく位置付けられてしまうブルジョアジーの劇場、近代演劇（新劇）の秩序を承認することができず、そこではもう何ひとつできやしないと感じ、自分たちを決定的にひき剥がしてしまいたいと思う。（中略）われわれは演劇とそれを構成する諸関係に新しい意味と方法をあたえざるをえなくなった」「近代劇の完成、もしくは演劇を通しての近代の完成という戦前と同じモチーフで（戦後の）活動を再開した新劇の担い手たちは、敗戦を契機にした稀有な社会転換と、それに続く歴史の大きなうねりの中で（中略）戦前と違う新しい演劇の形を作り出す課題を置き去りにしてしまったのである」という総括（森秀男『戦後演劇と現代演劇』）は、僕自身の腑に落ちるものだった。

故・中村勘三郎（十八代）も紅テントに衝撃を受けて「平成中村座」を旗揚げしたらしい。音二郎の芝居を観たときの團十郎とそっくりだった。勘三郎はそれ以降、渡辺えり、野田秀樹、串田和美などといった現代劇の劇作家らと組んで、古典歌舞伎を解釈し直したり、海外公演にも精力的に取り組んでいった。多くの劇団が海外へ進出した中でも、蜷川幸雄は一九八〇年代になるとシェークスピアを日本人の感覚で読み替えた『NINAGAWA・マクベス』『王女メディア』などを、イタリア、ギリシャ、スコットランド、ニューヨークなどで上演し、欧米の日本演劇観を覆していった。百年前に、音二郎・貞奴の〝チャンバラ、ハラキリ〟に喝采を送ったヨーロッパのジャポニスムに対する、一つのリベンジだったかもしれない。

ちなみに二〇二二年（令和四年）師走、川口典成が立ち上げた演劇実験場「ドナルカ・パッカーン」は、久しぶりに福田の『オッペケペ』を舞台に載せた。岸田政権が「専守防衛から敵基地攻撃能力」「防衛費一・六倍」へ舵を切った時期と符合する。「「時代閉塞の現状」を打ち破る可能性を求めて、『オッペケペ』の掛け声を、現在に召喚する、空想的仮説の上演である」と銘打っている。どうやら『オッペケペ』の精神は不滅のようだ。

六、とかく世間のさげすみを受けて口惜しき身なりしを
――女優・川上貞奴のたたかい

日本初の女優になった貞奴

さまざまな自由民権運動の断面を見てきたが、主役はおおむねオトコたちだった。オンナたちはどう生きていたのだろう？　土佐の上町で初めて女性参政権を認めさせた〝民権ばあさん〟楠瀬喜多、産科医になったシーボルトの娘・楠本イネ、日本茶輸出の先駆者だった大浦慶など、維新期に活躍した女性は少なくないが、身をもって日本の近代演劇を切り開いた貞奴が教科書に出てこないのはなぜか？　近代史に平塚らいてふや与謝野晶子が登場するのは、さらに後のことである。

前述したように自由民権運動のラッパ手は、「オッペケペー節」で国民的人気を背負った川上音二郎だったが、この音二郎と文字通り生死をともにし、精神的にも経済的にも支え続け、近代演劇の礎を築いた無二のパートナーこそは女優・貞奴（明治四年～昭和二十一年・一八七一年～

一九四六年）だった。貞奴は音二郎らが開いた新しい演劇世界を体現したミューズであり、波乱万丈の川上一座の〝女座長〟だった。貞奴なくして音二郎は存在せず、逆もまた真だった。

貞奴は音二郎と死別した後、産業革命の〝電力王〟福澤桃介（福澤諭吉の養子）と後半生を歩むことになるのだが、桃介との出会いは音二郎よりも早かった。少女時代のある日、馬に乗っての成田山詣での途中で野犬の群れに襲われたとき、慶應義塾の学生・岩崎桃介（後の福澤桃介）に助けられた。この出会いは乙女心に強いインパクトを与え、二人は惹かれあったようだが、福澤諭吉は「アメリカ留学」を条件に、桃介を養子にして次女・房と結婚させた。

その後貞奴は音二郎と劇的に出会い、共に近代演劇を生み出していった。

貞奴のドラマティックな人生については、山口玲子『女優貞奴』や、杉本苑子『マダム貞奴』などの小説、これに基づくNHKの大河ドラマ『春の波濤』でも知られてきた。ところが近年、女性研究者や地元のファンたちによって音二郎・貞奴・桃介たちの新たな掘り起こし、再評価が進んできた。井上理恵『川上音二郎と貞奴』、森田雅子『貞奴物語　禁じられた演劇』なども大きな研究成果だ。

実は貞奴生誕百五十年を経た今、演劇仲間たちと切磋琢磨していた揺籃の地・茅ヶ崎市でも、後に菩提寺を建てた各務原市でも、「貞奴・音二郎・桃介とその時代が織りなす多様な世界」を発掘・研究・再現する演劇・オペラ・シンポジウムなどのイベントが引きも切らないのだ。音二郎の民権運動や演劇改革にかけた志、貞奴の女優創出や児童劇にかける情熱、産業革命時代の桃介ら、この時代を生きた人たちが放つ強いオーラが、現代人をも惹きつけるのだろうか。

はじける貞奴パワー・各務原

日本の近代演劇を川上音二郎とともに切り開いた貞奴は、二〇二一年（令和三年）、生誕百五十年を迎えた。これを記念して二二年に上演された市民オペラ『ドラマチック木曽川—Opera 貞奴—』に取り組む人たちが、前年から各務原市鵜沼の芝居小屋「皆楽座」はじめ市内各地で、猛暑を撃退する気迫のこもった稽古に取り組んでいた。切妻造りが美しい皆楽座の落ち着いた佇まいは、貞奴の菩提寺「貞照寺」のある鵜沼の風景に溶け込んでいる。かつては回り舞台や楽屋、奈落も備えた本格的な芝居小屋で、国の有形文化財にも登録されている。

皆楽座

皆楽座での稽古

「創作オペラ『貞奴』プロジェクト」の面々は、新しい時代に挑戦し闘い続けた貞奴の生涯をたどり、川上音二郎・福澤桃介という二人の同志との関係を再生させ、木曽川・各務原という地域を市民とともに見直そうという意欲的な市民オペラを、十年前から続けてきた。その総集編とでもいうべき舞台を、幼児からシニアまで市民一二〇人で実現しようと練習に熱を入れていた。

プロジェクト代表のソプラノ歌手・金光順子さんは、貞奴が人生をいつも前向きに受け止め、芸者から女優へ、さらに事業家へと脱皮を重ねていった姿勢に惹かれるという。オペラの創作を通して、市民たちに音楽の魅力にも触れてほしいと願っている。事務局長の藤田敦子さんは、幾つものぎりぎりの状況と逆境を乗り越えていく貞奴の積極的な生き方を再生する中から、各務原の新しい風景が見えてくることを期待しているという。

各務原では貞奴にちなんだ記念行事が目白押しだった。生涯学習の六回連続講座「貞奴とめぐる音楽世界一周」、金光順子とエレクトーン奏者・大谷泰史の講師による世界各国の名曲への招待コンサート、神奈川県から招いた成澤布美子の朗読と芝居、田頭尚子のピアノによる『ひとり語り　十二人の貞奴』、小林昌廣（情報科学芸術大学院）の連続講演会『明治の演劇と女優「貞奴」』など、多彩な企画が続いた。続く二二年も、企画展『川上貞奴と各務原〜日本初の近代女優が各務原を終焉の地としたのは〜』や、小説『水燃えて火　山師と女優の電力革命』の著者・神津カンナの講演会、創作オペラ『貞奴』プロジェクトによる貞奴芸術祭立ち上げなどが引きも切らず、各務原市は〝空前の貞奴ブーム〟だ。市内の和菓子の老舗・河田秀正堂は、創作菓子「貞奴」を売り出した。

貞奴・桃介が暮らした名古屋でも、現代舞踊家・倉知可英とフラメンコ舞踊家・磯村崇史は

『Ma Sada Yacco ～凛として咲くがごとく～』の熱演を続けている。「西の各務原」に対する「東の聖地・茅ヶ崎」のことは、後で触れる。

難産だった「女優・貞奴」の誕生

話は明治に戻るが、近代演劇の研究を兼ねた再度のヨーロッパ公演から帰った音二郎・貞奴は、明治三十五年（一九〇二年）支援者・市川團十郎を慕って、茅ヶ崎に〝愛の棲処〟を建てた。かつてのパトロン・伊藤博文が「萬松園」と命名してくれた（貞奴が後に各務原に建てた別荘も同じ「萬松園」）。萬松園は、新しい演劇・正劇をめざす同志たちとの稽古場、活動の拠点にもなった。

川上音二郎と貞奴

前章で触れたように翌年明治座での初演は、日本で初めての『オセロ』だった。「鞆音《ともね》（デズデモーナ）」で〝日本初の女優〟として舞台に立った貞奴は、本人は悩んでいたが評判は上々だった。「貞奴の演技は分別がありすぎる」と厳しく批評したのは坪内逍遥くらいで、『東京日日新聞』が「気品といい仕草といい、楚々人を動かす力は十分であった」と書いたのをはじめ、各紙の講評は〝陶然と見惚れて嘆声をもらすばかりで、劇評の態をなさなかった〟という（山口玲子『女優貞奴』）。

しかし実は貞奴は悩んでいた。「(日本でのデビューのときは)本当に困りました。第一、(声の)調子の出どころが分からない。なまじ西洋の舞台で、こちょこちょやって来ていますだけに、なお困りました。あちらの芝居の拵《こしら》えは、それはよく出来ていますから、通例より少し高い声で言いさえすれば、見物に聞こえるようになっていますから、楽なのでしょう。日本の芝居全体の拵えがちがっていますから、声はみんな窓から簀《す》の子から、すうすうと抜けて行ってしまいますから、駄目なんですよ。(中略)あの興行は苦しみ通しに苦しみました」(『文藝倶楽部』明治三十九年一月)。

音二郎の後を追って西欧近代劇の「自由劇場」を創った小山内薫が面白い告白をしている。小山内が明治四十五年(一九一二年)にモスクワ芸術座のスタニスラフスキーの自宅に招かれたときのこと。ヨーロッパ中で評判になっている貞奴や花子のことを聞かれて、「私はもういても立ってもいられません。私は日本中の恥を一人で背負って立ったような気がしました。〃そんな人の名は日本で聞いた事もありません〃。私は冷汗をかきながら、やっとこれだけ言いました」(「ロシアの年越し」)。無名の役者がヨーロッパでもてはやされ、歌舞伎まがいの芝居をしていることに、演劇人としていたたまれなかったようだ。

プロの役者ではない貞奴や花子の芝居が、歌舞伎として扱われていることへの、小山内の過剰な責任感のようなものや、ヨーロッパ・コンプレックスもあったのだろう。他方で、逍遥ら評論家たちに〃エセ歌舞伎〃と酷評されながら、音二郎は脚本・演技・舞台装置・興行方法などに次々に改良を加え、『オセロ』に続けて明治座で『ベニスの商人』を、本郷座で『ハムレット』などを次々と日本人に見せていった。

男女両性からなる役者集団を創りたい

正劇運動をスタートさせたとき、音二郎はこう宣言した。「私の将来期するところは、旧俳優と新俳優の間に、一つ世界的演劇を仕組みたいと思って居ます。それには完全の俳優を養成しなければなりませぬ。……彼女（貞奴）は女俳優を養成する決心で居ります」（『中央新聞』明治三十五年九月一日）。この決意を胸に、二人はその後も着々と準備を重ね、明治四十年（一九〇七年）、女優養成学校の視察のため三たびフランスに渡った。コンセルヴァトワール（パリ国立高等音楽・舞踊学校）などの最高の演劇教育を見聞した際、女性雑誌『フェミナ Femina』のインタビューに貞奴は答えている。

私は東京の商人の娘ですが、幼少の頃、母が踊りを好きだった影響で、舞踊を習得しました。それゆえ、私は芸者、すなわち踊り子になったのです。川上と結婚すると、お芝居を演じるようにもなり、東京からアメリカやロンドン、そして一九〇〇年にフランスへとやって参りました。私の夫は東京で十年ほど劇場施設の運営をしており、二つ目の劇場（帝国劇場）運営に取りかかる予定です。彼は、男女両性からなる役者集団を作ろうと考えた最初の人物です。というのも、日本において、演劇はとりわけ男性たちのみ、ないしは女形、つまり女役を演じる男性たちで行われております（森田雅子『貞奴物語 禁じられた演劇』）。

西洋の演劇を体験した二人は、世界に通用する演劇には〝男女両性からなる役者集団〟が自然であると悟っていた。日本に女優を創り出そうという固い理念を共有していた。しかしそれを公表した途端、新聞や雑誌に音二郎と芸者あがりの貞奴が、若い女性をたぶらかして芸者にするかのように騒ぎ立てられた。養成所は〝あばずれ収容所〟と揶揄され、当時の廃娼運動からも激しい批判を受けたという。日本では俳優をさげすむ風潮は根強く、また女形が常識だったため、女優という仕事が理解されにくかった。

そもそも日本に、歌舞伎になぜ女優がいなかったのだろうか？

古来、神事・宗教行事や貴族の周辺には、巫女《ふじょ》・白拍子《しらびょうし》・遊女など多くの女性芸人がいたし、天皇や貴族の子を産んでもいた。周知のように古代には女性天皇は例外ではなかった。高群逸枝らは、南北朝以前の社会や家族制度は母系的なものだったと研究、主張してきた。近年の歴史研究では、生産や商いの担い手として、女性の労働も社会の中心にあったという。魚売りのほとんどは女性で、花・野菜・薪炭売り、綿や衣料品などの商人も女性が中心だったと網野善彦らが論証している。

女性が社会の中心的な地位から追われるのは、儒教が中心的な規範となった律令制が確立していったからだといわれる。南北朝以降中世に入り、武家・武士による支配、軍事政権の時代になって、女性は土地・財産の所有・管理の権限を奪われ、公的な世界から追われていった。歌舞伎のルーツは出雲阿国という女性芸人だったし、江戸時代初期には女歌舞伎があったにもかかわらず、寛永六年（一六二九年）幕府は「風紀を乱す」との理由で、女性が歌舞伎を演じることを禁止した。

masa：僕は学生になって劇団に入った最初の夏休み、劇団の合宿代を自分で出せなかったんで、情けないことにオヤジに援助を頼んだんだ。

aibo：それで？

masa：明治生まれで、子ども六人を養ってたオヤジの台詞は今も忘れんよ。「河原乞食の真似事をさせるために大学へ行かせたんじゃない」って。

aibo：おお河原乞食か！　リアルやなぁ。明治のオトコなら言いそうなことや。

masa：テレビのバレエ番組に対しても、オヤジは〝ハダカ踊り〟呼ばわりやった。

aibo：日本の家父長制を支えてきた儒教の女性観はイスラムと似てるな。それと戦後の売春防止法までは、花街・遊郭には待合・芸者置屋・遊女屋が混在しとって、芸妓と娼妓の区別は難しかった。芸妓は歌舞練場で躾けられてたし、女優の養成を遊女・芸者の育成と同じやとみて蔑む者が多かったんやな。

何とかして婦人が独立して生きる方法は

貞奴は明治四十一年（一九〇八年）、渋沢栄一らの賛助をうけて帝国劇場付属の「帝国女優養成所」を開き、自ら所長になって念願の女優養成を始める。養成所の応募資格は、義務教育修了程度の学力、十六歳から二十五歳まで。修業年数は二年、月謝は不要といった条件だった。最初は百人以上の志願者があったが、貞奴によると「ハイカラ風な女性は少なく、堅い家のお嬢さんが多かった」という。面接の結果、家庭環境、熱意、容姿、身長（一三三センチ以上）などから一五人が入学許可され、やっと事業がスタートした。

しかし社会の偏見はひどかった。第一期生代表格で、後に帝劇のスターになった森律子は、理解者であり弁護士だった父・森肇以外は、親戚全員が応募に猛反対し、母校・跡見学園からは同窓会脱退を勧告された。さらに一高（現・東大）生である弟の運動会に行ったとき、女優のような下賤な者を学内に入れるなと、学生たちから退席を迫られ、翌日、弟は自殺したという……。生死を賭けて女優を選ばなくてはならぬ時代だった。

こういう偏見の中で女優に応募した動機を、律子は次のように語った。「その頃私は何とかして婦人が独立して一生を送る方法は無いものかと、いろいろ思いあぐんで居りました處、帝国劇場会社社長澁澤男爵の御名を後楯に川上貞奴丈が任に当たられました女優募集の広告が眼に映りました。しかもその女優は従来のいわゆる女役者とは全然異ったもので、所謂世の中の進歩に伴うべき新しい女優を養成して、新劇場の設備と共に舞台の上にも一大革新を興得ようという御趣意のように承りました。そこで私は不束の身を顧みず、これこそ自分の進むべき一生の途であると信じて、応募の決心を致しました」（田中美恵子「川上貞奴の演劇活動～先駆者としての試み～」（『国際基督教大学リポジトリ』）。

帝国劇場社長・渋沢は、女優養成所の開所式で女性たちに向けてこう語りかけた。「徳川以来、賤しいものとして社会から排斥されたものが三つある。商売人、女子、役者である。商売人は私たちの手で多少賤しくなくなったが、未だに女子と俳優は賤しめられている。その中で、女子で俳優を目指すのだから余程の努力がなければ成功は難しい。しかし私は皆さんの賛助者です。この不完全な社会から受ける悪評については弁護し保証もするので、皆さんは自重して帝国の女優として恥ずかしくないよう修行してください」（『読売新聞』明治四十二年九月十六日）。渋沢の覚悟も中途半端なものではない。

貞奴自身や支援する渋沢はもちろんだが、応募してきた女性たちは、偏見を越えて新しい生き方を模索する気概に満ちていた。同じ年、同志だった藤沢浅二郎も新派の男優を育てる「東京俳優養成所」を開き、翌年、坪内逍遥邸には男女共学の演劇研究所が開かれて、ようやく日本での俳優の養成が本格化し始める。

お伽芝居を子どもたちに！

話は前後するが、「正劇」のスタートと同じころ、児童文学の世界でも新しい動きが生まれていた。ベルリン大学で教鞭をとっていた巖谷小波《いわやさざなみ》（明治三年〜昭和八年、一八七〇〜一九三三年）が帰国して、雑誌『少年世界』に桃太郎・金太郎・浦島太郎などの民話や昔話を「お伽噺《おとぎばなし》」と銘打って載せ、また『日本お伽噺』『世界お伽噺』を刊行していった。ドイツで観た「お伽芝居」に強く刺激されていた音二郎・貞奴の援軍が現れたのだ。子どものための芝居創りで、巖谷と意気投合する。

明治三十六年（一九〇三年）、音二郎・貞奴は日本でもお伽芝居を創ろうと巖谷や久留島武彦（明治七年〜昭和三十五年・一八七四〜一九六〇年）に働きかけ、巖谷の作品から『狐の裁判』（ゲーテ原作）、『浮かれ胡弓』（スイスの民話）の上演を準備していった。童謡『夕やけ小やけ』の作詞者・久留島は、デンマークから「日本のアンデルセン」と賞賛された〝お話のおじさん〟として知られ、日本初の児童劇団「東京お伽劇協会」を組織していた（田中美恵子、南元子『『子どものための演劇』とは何か?」『愛知教育大学幼児教育研究』）。

日本初のお伽芝居は、ついにこの年十月三日と四日、東京・本郷座で上演された。『狐の裁判』は、悪賢いキツネ（音二郎）がライオン女王（貞奴）に裁かれ、改心する勧善懲悪もの。出演者はみんな動物の〝着ぐるみ〟を身に着けていた。現代でいえばミュージカル『キャッツ』のようなパフォーマンスだったのだろうか。伴奏にバイオリンという楽器を使い、子どもたちに初めての西洋音楽も体験させた。

開幕前に久留島が「お伽芝居」の趣旨を説明し、巖谷がストーリーを解説した。子ども料金は採算を度外視して、菓子パン一個買える十銭、大人は付添いに限り三十銭にしたという。二千五百人を収容する大劇場が二日間とも大入りで、約四千人の子どもたちが初めて、子どものための演劇を見たのだ。『浮かれ胡弓』では、少年フレッド役になった貞奴が、チャーミングに腿まで見せる半ズボン姿で絶賛をあびた。貞奴もまた、次第に舞台が楽しくなっていったのだ。「お伽芝居」の座長・演出は、ついに貞奴が務めることになった。貞奴の誇らしげな表情が浮かんでくるようだ。

「何だか子供だましのように思われたふしもございましょうが、演る当人の私は、今度のお伽芝居くらい嬉しい思いをしたことはございません」「まず幕が開きまして場内を見渡すと、可愛らしい嬢さんや無邪気な坊ちゃん方がズラリと大勢並んで入って、私共の顔を見ると喜んで手を拍って笑わるるものですもの」（『中央新聞』明治三十六年十月十四日）。

客席には子どもや父母たちに交じって、文学者、新聞記者らも並んでいて、日ごろは川上一座に辛口の批評も、お伽芝居をめぐっては大好評だった。評判になった『浮かれ胡弓』は、早速、財閥・安田善次郎の園遊会に呼ばれ、その後全国二五カ所を巡演していった。まもなく「東京お伽劇協会」ができ、「大阪お伽倶楽部」も活動を始めていた。

aibo：貞奴は、かなり変わったな。
masa：最初は女優を嫌がってたんだけど、ヨーロッパの演劇教育を見てスイッチが入ったんだね。
aibo：自分のやるべきことを見つけたんかな?
masa：政治活動のための〝アジテーション芝居〟やなくて、演劇そのものの身体表現や、音楽のリズムやダンスの振付で、観客と一緒に楽しめる世界のほうが性に合ってたんだろうね。「お伽芝居」を創りながら、子どもたちの反応や可能性を引き出して若い演劇人を育てることに、今までにない生き甲斐を感じ始めたんじゃないかな。
aibo：芝居はもちろん、芸術・文化・政治は、これまですべてオトコのもんやったよな。治安警察法は女性の政治活動への参加を禁止してたしね。
masa：「お伽芝居」という、これまでオトナ・オトコが無視してきたコドモ・オンナを対象にした、独創的で誰も文句のつけようのないジャンルを見つけて、これや！と確信したんやな。

貞奴の苦境に寄り添う桃介

川上一座はこれから数年間、今では誰もが知っているシェイクスピアの『ハムレット』『ベニスの商人』『ロミオとジュリエット』、メーテルリンクの『モンナワンナ』などの日本版の脚色・

上演やら、全国各地への巡演、帝国女優養成所・帝国座付属俳優養成所の開設・運営やらに明け暮れた。研究のために二人にとって三度目の渡仏も果たした。音二郎・貞奴の二人三脚人生にとって、最も充実した時期だったかもしれない。一方で音二郎の腹膜炎の持病は次第に悪化していったようだ。

明治四十四年（一九一一年）は、中国の辛亥革命、メキシコ革命の年であり、ヨーロッパでは社会主義運動が広がっていた。日本でも大逆事件のフレームアップで幸徳秋水はじめ二四人が処刑されたこの年、音二郎一座は、山陰・博多・大阪と精力的に巡演して大阪に帰ってきた。世界の激動を敏感に受け止め、イプセンの『社会の敵』を『人民の敵』と改作していた。心血を注いで完成させた大阪帝国座で、主役を演じるつもりだったという。

しかし十一月、音二郎は入退院を繰り返してきた持病をこじらせ、ついに死の床についた。文字通り志半ばだった。臨終に臨んで、貞奴と一座の仲間は音二郎を帝国座の舞台まで運び込んで、その最期を看取った。まだ四十七歳。演劇改良の道は遠かった……。

音二郎を悼む世論が、ファンだけでなく日本中に満ちた。大阪・博多・東京では、新派・新劇・歌舞伎関係者や、政財界・花柳界あげての大規模なイベントが連日行われ、葬送の道筋では屋根にまで人々が溢れたという。一方で、東京・高輪の泉岳寺に建てられる予定だった音二郎の銅像は、「河原乞食の銅像猛反対」の住民運動で頓挫する。

貞奴は音二郎の志を継ぐべく、藤沢浅二郎とともに一座を率いて『仏御前』などを引っさげて各地で追善興行を続けていった。世間やメディアの毀誉褒貶《きよほうへん》はかまびすしかった。貞奴の芸にはますます磨きがかかってきたとの称賛と並行して、「未亡人は引退せよ!」という類の世間の誹謗・中傷は絶えなかった。

人々の好奇心と無責任なメディアに翻弄されて、貞奴の実姉・花子が井戸に身を投げ、音二郎の遺児・雷吉が日本海に入水したとも言われる。貞奴はついに舞台で倒れ、心身ともにずたずたになっていく。芸能雑誌では〝貞奴の引退〟を特集して囃し立てた。それでもこうしたゴシップを気丈に受け流し、貞奴は意地でも新しい演劇をめざそうと何回も洋行を企て、大正六年(一九一七年)の引退まで七年近く上演活動を続けた。貞奴の「新しい演劇」への執念は驚異的だったと言うほかない。

この間、貞奴の苦境に寄り添いながら次第に公然と興業を支えるようになったのは、かつて恋仲と言われた福澤桃介だった。すでに多くの企業を起こして大富豪になっていた桃介は、帝国劇場の重役でもあった。新しい歌舞伎を担う六代目尾上菊五郎、中村吉右衛門と貞奴が共演できたのも、桃介の口添えだったという。「貞奴一座」の行く先々に、いつも桃介の姿があった。その桃介の日々の振る舞いが、さらにスキャンダルとして貞奴の報道のネタにされていった。中傷・批判は桃介にではなく一方的に貞奴に向かった。例えていえば、王室批判に対するスケープゴートとして終生メディアに追われ続けたダイアナ妃のようだっただろうか。音二郎の弟子たちも、貞奴の振る舞いを、川上の名前を汚していると強く非難した。

電源開発に乗り出す桃介のパートナーとして

渋沢栄一、五代友厚《ごだいともあつ》らの世代を継いで大正期の産業革命を進めた主役の一人が、〝電力王〟福澤桃介（慶応四年〜昭和十三年・一八六八年〜一九三八年）である。桃介は義父・福澤諭吉の縁で、最初の財界デビューは北海道炭鉱汽船だったが、持病の結核療養中のベッドの上で、日清戦争の好景気に乗じて相場師として大儲けに成功する。

紡績・肥料・ビール・鉱山・ガスなどの事業に次々と手を出していったが、明治の末には次第に電力事業に集中していったようだ。日露戦争後、佐賀での発電、豊橋電気、博多の路面電車をはじめ、各地の発電・電気事業に手を付ける。日本の地形は標高差が大きく、川の水量が豊かだ。この落差を利用した水力発電が、日本の産業革命の原動力になる。

ここに目を付けた桃介は、名古屋には特にゆかりはなかったが、明治四十二年（一九〇九年）、経営不振の名古屋電燈の株を買い占めて社長になり、未開発だった木曽川の電気事業化に手を付けていった。ちなみに名古屋電燈は、明治初期に窮乏した尾張藩の士族たちの授産運動の先頭に立った三浦恵民が〝士族の商法〟として取り組んだ事業の典型だった。没落士族救済のモデルになるはずだったが、計画通りには進まなかった。

桃介は明治から大正にかけて、この木曽川や矢作川での電源開発を手がける。木曽電気製鉄を作り、親会社名古屋電燈を配電事業に特化し、両社の社長を兼任した。大正六年（一九一七年）から十年足らずで、賤母《しずも》、大桑、須原、読書《よみかき》、桃山、大井、落合など七つのダムと発電所群を作って、水運の大動脈だった木曽川を電気エネルギー源に変えていった。大正十年には、戦前の五大電力の一つになる大同電力（後の関西電力）を創って初代社長になる。名古屋電燈はその後複数の会社と合併して関西電気（翌年「東邦電力」）になった。

電力を生み出しただけでは経済的な意味がない。なるべく多量の電気を使ってくれる産業も育てねばならない。家庭用電気はもちろん、電気鉄道、紡績、セメント、金属精錬などに広く投資を広げていったが、中でも名古屋の政財界を熟知する下出民義《しもいでたみよし》とは名コンビで、互いに社長・副社長を交代してはさまざまな事業を発展させた。この時期の資本や人の複雑な動きとダイナミックな発展は『中部における福澤桃介らの事業とその時代』（愛知東邦大学地域創造研究叢書）、藤本尚子『天馬行空大同に立つ　福澤桃介論策集解題』などに詳しいが、まさにイギリスの後を追う産業資本主義の発展だった。

しかし産業革命の機関車のような桃介の生き方は、名古屋という保守的な土地柄とは合わなかったようで、深く根を張ることはなかった。また意外なことに、『信濃毎日新聞』での反軍論説で軍部に追われて、『新愛知』（現・中日新聞）に拾われながら筆を曲げなかったジャーナリスト・桐生悠々を陰で支援したのは、近代主義者・桃介の真骨頂だったのだろう。

「貞奴の早変り」　川上絹布を開業

桃介は木曽川開発が仕事の中心になった大正六年（一九一七年）、名古屋に拠点にすえた。経営の激務や政財界との接客が頻繁になってくると、有能な秘書として貞奴の支援を求めた。世間の好奇心や〝メディアの獲物〟であり続けていた貞奴は、この年ついに演劇世界から身を引き、桃介との道を選ぶことを決意した。

引退興行として、明治座で『アイーダ』を上演した。エジプトと戦うエチオピアの英雄・ラダメスにひそかに思いを寄せ、王女アムネリスと張り合いながら、最後にラダメスに殉ずる悲劇の奴隷・アイーダを描いたヴェルディの名曲。アイーダを演じた貞奴が恋人ラダメスに見立てたのは、音二郎だったのか桃介だったのか？　あるいは幻の中の永遠の恋人だったのだろうか……。

舞台からは退き桃介を支援しながらも、貞奴はしたたかに新しい人生の脚本を書いていた。翌七年には三百万円を投じて、絹織物を作る「川上絹布株式会社」を設立したのだ。各地で人絹糸（レーヨン）の生産が始まったころである。「機械はスイスから技師はフランスからと、堅実と言うより華々しい」「〝私は今まで絹物ずくめで暮らしましたから、今度は世間の人の絹物を製造したいと思っています〟と盛んに言っている」と、「貞奴の早変り」と皮肉って『報知新聞』が伝えた。

『女工哀史』でも知られるように、産業革命の途上にあった工場は過酷な状態だった。明治四十四年（一九一一年）に一応工場法はできたが、それは労働者の保護よりも労働資源を保護し、産業振興と国防のためだった。しかし貞奴の経営は一歩進んでいた。若い女子工員五〇人ほどを使い、社長が川上貞、専務が養子の川上広三、相談役が福澤桃介という陣容で臨んだ。労働条件は四十五分働いて十五分の休み。昼休みにはテニス、仕事が終わると、お茶、お花、和裁などを学ぶこともできた。作業着は女学生のように紺のセーラー服で、靴を履かせた。

産業革命期のマンチェスターで、労働者保護に尽したロバート・オウエンを彷彿させる福祉型経営者だった。かつて音二郎・貞奴と一緒にフランスに学んだ宇田川五郎の作詞・作曲になる〝工場歌〟を貞奴は工員たちと歌った。

〽過ぎし昔の夢なれや
工女工女と一口に
とかく世間のさげすみを
受けて口惜しき身なりしが
文化進める大御代の
恵みの風に大道を
なみせる古き習わしや
思想を漸く吹き払い

赤い屋根の「二葉御殿」で

川上絹布開業と同時に、貞奴は名古屋城の隣・東二葉町に、赤い屋根を乗せたモダンな桃介との新居「二葉居」（二葉館）を建てた。設計は当時新進の住宅会社「あめりか屋」。かかげた表札は「川上貞」。一緒に住んだのは桃介のほかに、養子・広三、養女・富司や書生、女中、コックなど二〇人もいたらしい。

二千坪もある敷地の、玉砂利を敷いた道を車寄せのロータリーへ入っていくと、電気仕掛けの噴水やサーチライトがあったようで、この辺りで際立ったこの屋敷は、周りの人々から〝二葉御殿〟と呼ばれた。電気事業が専門の桃介の助言もあって、自家発電によって赤い屋根や庭園を鮮やかに浮かび上がらせる照明があり、屋敷中に最新式の電話網が張り巡らされていた。

当時の二葉館

貞奴は川上絹布の仕事はもちろん、毎日大勢やって来る桃介のさまざまな仕事の取引先の応接、園遊会や新年会、演芸関係者との会合・宴会もさばかねばならなかった。またその間、桃介に同行して木曽谷の現場や別荘での仕事もこなした。使用人たちそれぞれの電話で容赦のない厳しい指令を発し続けた。ハードな日々に、多くの使用人たちが逃げ出したことも知られている。こうした日常に、貞奴は必ずしも満たされていたわけではなかったようで、深夜一人、深酒におぼれたとも伝えられる……。

近年、大同ライフサービス社から名古屋市に寄付された〝二葉御殿〟は、現在の橦木町へ移築され、二〇〇五年（平成十七年）「文化のみち二葉館（旧川上貞奴邸）」としてよみがえり、国の文化財に登録された。さまざまなイベントの会場としても親しまれ、当時の色鮮やかなステンドグラスが柔らかい光を館内に投げかけている。

花開いた最後の夢・川上児童楽劇園

さて大正に入ると、児童文化への関心が次第に高まっていった。大正二年（一九一三年）には宝塚少女歌劇団がうまれ、七年には鈴木三重吉が児童文学誌『赤い鳥』を創刊し、坪内逍遥も十年に児童劇運動の旗を振りはじめた。他方十三年、桃介はいくつもの発電所の完成が見えてくると大同電力の大規模な資金調達にアメリカを回った。

ついに貞奴は、この機会に長い間の念願だった〝子どもによる子どものための劇団〟「川上児童楽劇園」を開こうと決心した。前述の久留島武彦に顧問を頼み、久留島は関西学院の同窓生・山田耕筰と、東京音楽学校（現・東京芸大）を出た高階哲夫（『時計台の鐘』の作詞・作曲）と妻・満寿子に音楽の指導をまかせた。翌年、貞奴は東京・二子玉川に楽劇園のための養成所を開き、早くも同年末には名古屋・御園座で生徒たちによる第一回公演を、さらに帝国劇場での定期公演を実行に移す。すでに五十四歳になっていた貞奴の、熱い執念ともいえる〝最後の夢の舞台〟だった。

帝劇公演でのプログラムは、お伽舞踊劇『夢』、園生のオーケストラによるオッフェンバッハ『天国と地獄』、童話劇『蛙』、舞踊『釣鐘草』『浮かれ胡弓』などで、二円五〇銭から五〇銭までの入場料で、大入りになったという。その後は憑りつかれたように、帝国劇場、御園座、青山会館などのほか、岐阜、京都、大阪など国内各地を巡演して回った。

主なレパートリーは、『鶴亀』『小楠公』『白虎隊』など音二郎以来の伝統的なものもあったが、次第に『浮かれ胡弓』『花咲爺』『海彦山彦』『鳩のお使い』など子ども向けのものや、歌と踊りを中心にしたレビュー『踊れよ春』『人形師の夢』などに広がっていった。まさに夢が花開いていくような日々だった。達成感もひとしおだったことだろう。

とはいえ、児童劇が決して順調に開花していったわけではなかった。世間には、まだまだ芝居・演劇・役者などに対する差別・偏見が根強く残っていたからだ。「芝居や狂言は、つくりごと」すなわち「嘘」であり、道徳的に否定されるべきもので、まして子どもに教えてはならない、などという素朴で通俗的な偏見が広く残っていた。特に教育界ではその傾向が強かった（森田・前掲書、新實五穂「書評『貞奴物語』」お茶の水女子大学『ジェンダー研究』）。

「学校劇の禁止」に抗して

四百年前の寛永年間に「女歌舞伎」が禁止されて以降、女性が演劇の舞台の上に出ることは長らくタブーだったが、これを破ったのが貞奴・音二郎の『オセロ』だ。しかし二人が組織的に女優の養成を始めてからも、演劇界や教育関係者らによる蔑視や差別は陰に陽に続いていた。「女性・芸者・役者」という三重の蔑視や偏見によって、女優という職業そのものを許すべきではないという倫理的な意識が、日本にはまだ強かった。中でも当時の教育行政や学校現場では、執拗に演劇が攻撃され排除されていったという。

川上児童楽劇園が開かれた大正十三年（一九二四年）、文部大臣・岡田良平が発令した「学校劇禁止令」（文部次官通牒）は現場にこう命じた。「学校生徒にして演劇的行動を為す者の取り締まりに関しては（中略）練習等において脂粉を施し、仮装を為し演劇興行に近き行為を為すもの、往々これあり。もとより訓令の精神に照らし不可思議につき、貴学においても十分ご監督の上万事遺憾なきを期せられたく命により通牒す」。

寺内正毅内閣（大正五～七年）、加藤高明内閣と第一次若槻禮次郎内閣（大正十五年～昭和二年）で文部大臣を務めた岡田は、二宮尊徳の教えを奉ずる「大日本報徳会社」の社長でもあり、大正デモクラシーや自由主義の浸透によって、伝統的な日本の価値観が崩れることを強く恐れていた。「演劇は放蕩・道楽」であり、これを奨励することは軍事教練の導入や質実剛健な教育に反すると確信していた。また労働運動が次第に活発化していく中で、演劇が観客の問題意識を高め、国民が主体的な思考や行動を選ぶことに、岡田は危機感を抱いた。「報徳の教養」で女性に求められる役割は、幼児や小学校の教育、良妻賢母を実践することに限られていた。

児童楽劇園の結成と園生による公演は、執念ともいえる貞奴の長年の夢の実現だったが、一方で、次第に戦時体制を整えていこうとする政府や軍部の思惑に対する、貞奴の本能的な抵抗も働いていたのかもしれない。

世界が次第に緊迫しはじめ、大正十四年には治安維持法が制定され、世界大恐慌に突入していく。社会不安が募り街角から次第に娯楽が消えていく中で、貞奴は演じ続けた。昭和四年(一九二九年)、貞奴は一座を率いて、旧満州・旅順、台湾など植民地での最後の公演を果敢に実行していった。そして関東軍が六年に満州事変を引き起こし「十五年戦争」が始まった翌年、貞奴は八年間続けた楽劇園の幕を閉じた。六十一歳だった。

aibo:明治維新を成しとげたかつて〝元勲〟たちは、日本が植民地にされることを最も屈辱的だと考えていたんだけど、貞奴はどういう気持ちで植民地を回ったんだろう?

masa:貞奴には、「植民地」という意識はなかったんじゃないの。封建制身分制社会に革命を起こして近代化した日本やら、近代演劇に脱皮した自分たちを近隣に見せたいという感覚じゃなかったのかな。

aibo:その後、戦地には役者・歌手・映画監督から作家や画家などあらゆる分野の文化人が軍に動員され、協力していくよね。

masa:動員された人たちの気持ちはそれぞれ違っただろうから、「軍に協力した」とひとくくりには言えないね。中には亀井文夫みたいな反戦映画監督もいたし。

aibo：戦争に向かう時代に、主体的に政治や社会に関わるスタンスって、すごい難しいよね。

masa：「政治」とか「スタンス」とかいうのは〝オトコの感覚〟であって、オトコが作った社会や歴史から外されてきたオンナたちは、必ずしもそんな考え方はしなかったんじゃないかな。もっと個人的な感性とか身体感覚に忠実だったとか……。

最後の演技を披露した貞照寺落慶

川上絹布を作った大正七年（一九一八年）、貞奴は桃介の親戚である飯野広三を養子に迎え、さらに十年に、やはり桃介の親戚の富司を養女に迎えて十三年に結婚させた。後に女の孫・初を授かっている。貞奴は、昭和三年（一九二八年）に実業界を引退した桃介と東京・永田町の桃介の別邸「桃水荘」で暮らした。しかし同八年、桃介が本宅の妻・房のもとに帰っていく。〝本妻の元に帰る〟という〝オトコの選択〟を貞奴はどんな思いで受け止めたのだろうか……。

同時に貞奴は、桃介とともに過ごした木曽川を一望する景勝の地・各務原市鵜沼に、幼いころから信仰していた不動明王を本尊とする「貞照寺」を建立した。

本堂の羽目板には八枚のレリーフがある。野犬に襲われ桃介に助けられた場面や、音二郎との命がけの航海など、貞奴が生涯で体験した八つの危機で、不動明王のおかげで救われた感謝を刻み込んだものだ。本堂左の縁起館には、女優時代の衣装や脚本、舞台のドレスなどが納められていて、演劇関係者や研究者にとっては文字通りの宝物だ。現在も芸事成就の参拝に訪れる芸能人は絶えることがなく、参道の灯篭にも軒下の額にも、有名なスターの名前がびっしりと並んでいる。

また寺の東、雄大な木曽川を眺望できる所に別荘「萬松園」を建てた。茅ヶ崎で音二郎と過ごした住まいと同じ名前だ。広間・仏間・茶室から女中部屋まで二六室百五十坪からなる豪勢なもの。襖や天井の絵まで細やかなこだわりや美意識が溢れ、どれ一つ同じデザインはない。国の重要文化財になっていて、現在は毎月の見学会も開かれている。

貞照寺

芸能人参拝者

貞照寺の落慶法要のときに、四歳になった孫・初の手を引いてお稚児さんらと歩く貞奴の姿が、松竹が撮影した『金剛山桃光院貞照寺入仏式』という二十分ほどのサイレント映画に残っている。養子にした夫婦の両親も神妙な面持ちで貞奴に続く。田中美恵子はこう読み解く。「還暦を過ぎた貞奴は時折カメラに目線を送りながら粛々と入仏法要を進める」。「貞奴は貞奴の物語を演じる女優であり、貞照寺は貞奴が作り上げた劇場なのではないだろうか。つまり、貞奴は貞照寺という劇場で、自らの人生という演目を自ら演じて見せたということだ」。お伽芝居・女優養成・児童楽劇園などは「それなりの成果は上げてきたけれど、納得できる結果を得られたとは決していえない」が、「『貞照寺』を劇場に見立てて、カメラの前で女優貞奴の最後の演技を披露することで、（中略）女優人生と信仰と、さらに桃介との日々を結実させた」のではないか、という。

昭和十三年に桃介が亡くなった。貞奴は牛込の自宅を空襲で焼け出され、戦後は姪の玉起とその子ツルと熱海で暮らした。そして昭和二十一年（一九四六年）十二月七日、ガンでひっそりと七十六年の生涯をとじた……。

萬松園跡の茅ヶ崎美術館

茅ヶ崎で蘇った音二郎・貞奴

神奈川県茅ヶ崎市が音二郎・貞奴の近代劇揺籃の地であることは前に触れた。ＪＲ茅ヶ崎駅から南へ十分ほど歩いた高砂緑地には、松林の緑に囲まれてガラスのグライダーのような茅ヶ崎市美術館がすっきりと立っている。音二郎・貞奴のかつての住まいの跡だ。彼らが稽古場に使ったという旅館・茅ヶ崎館は、後に小津安二郎の定宿にもなっていたとか。

茅ヶ崎に埋もれていたこうした〝音・貞遺産〟を、コツコツ掘り起こしてきた小川稔美術館長は二〇一一年（平成二十三年）、「音二郎没後百年・貞奴生誕百四十年記念　川上音二郎・貞奴展」を開いた。このとき音二郎版のシェイクスピア『オセロ』『ハムレット』の翻案台本と、原作台本を読み比べるワークショップも開かれた。音二郎・貞奴展をネットTVで取材していた市民団体「湘南ＳＨＯＷ点」の清水友美代表が中心となって、翌一二年以降、『オセロ』『ヴェニスの商人』などシェイクスピアの復刻版の上演を行い、「音貞オッペケ祭」に成長していったという。

その後、茅ヶ崎ゆかりの山田耕筰や小津安二郎らの仕事の再発見と継承活動も加え、観光協会や商工会議所の後援も得て、ユニークな文化イベントに育ててきた。

二〇年秋の「オッペケ祭２０２０～音二郎・貞奴の世界一周～」は、全七弾の長期イベントだった。「音二郎忌　聞楽《ぶんらく》ちがさき朗読会」から始まって、「音貞ゆかりの地フォーラム」、「貞奴忌　聞楽ちがさき朗読会」と続く。これを観のがすワケにはいかないと、コロナの間隙を衝いて僕は茅ヶ崎へ向かった。

音貞ゆかりの地を zoom で結んで

大フォーラムの前夜祭のように清水友美の「川上音二郎と茅ヶ崎ピアノコンサート」（企画：湘南ＳＨＯＷ点）が、駅前のハスキーズギャラリーで開かれた。小さなホールでコロナ・ディスタンスを取りながらの演奏。ピアニスト、ダンサー、作曲家、女優ほか多くの顔を持つ清水は、復刻上演のシェイクスピア劇の音楽をギタリスト・林潤とともに一貫して取り組んできた。この日は、田口雅英「ピアノの為の九代目團十郎によせる舞曲」、野村誠「おっぺけぺーの種を蒔け」、近藤浩平「世界の果てまでオッペケペー」、清水作曲・演奏による「音二郎&貞奴の冒険」「ハムレットのテーマ」などのプログラムが並んだ。現代音楽はチンプンカンプンの僕には難しかったが、湘南のアーティストたちが音二郎のエッセンスを現代に再生しようとする意欲がヒタヒタと伝わる。

翌日「音貞ゆかりの地フォーラム」が、スタジオ・ベルソーをプラットフォームに開かれた。小川稔音貞塾長の司会で、音貞ゆかりの地四カ所をzoomでつないだものだ。音二郎の故郷・福岡の「博多町家ふるさと館」の長谷川法世、貞奴と福澤桃介が暮らした名古屋の「文化のみち二葉館」の緒方綾子、貞奴の菩提寺・岐阜各務原の「創作オペラ『貞奴』プロジェクト」の金光順子らが、多彩な映像や資料、関わりのエピソードなどを熱心にプレゼンするうちにタイムオーバーになった。

翌二〇二一年（令和三年）の「音貞オッペケ祭」では、音二郎版の台本による『八十日間世界一周』のハイライト配信、山田耕筰の「童謡 赤とんぼ作曲日ち（ママ）がさき朗読会」や、川上一座の『正劇オセロ』、『ハムレット』、『ヴェニスの商人』、『サロメ』を上演配信。これに伴って多くの朗読会や講演会も開かれ、二二年には市民公募による「音貞いろはかるた展」も開かれて、茅ケ崎の〝音貞文芸復興熱〟は上がる一方だ。

〝男伊達ならこの川止めてみよ〟

桃介・貞奴の足跡を求めてギラギラした炎天下、木曽川沿いの国道十九号を北上した。『夜明け前』の舞台・馬籠や妻籠の宿を脇に見ながら、岐阜／長野県境を越えると南木曽岳《なぎそだけ》のふもとに、木曽川の清冽な流れに沿って南木曽の静謐な町が開ける。

〽男ナーなかのりさん　男伊達ならナンチャラホイ　あの木曽川のヨイヨイヨイ
流れナーなかのりさん　流れくる水ナンチャラホイ　止めてみよヨイヨイヨイ

桃介橋

〝男なら止めてみよ〟と木曽節が挑発した激流を、みごとに止めてみせたのが桃介だった。ここを筏で下る木曽ヒノキは、鎌倉時代から伊勢神宮の御用材をはじめ、大阪城や各地の神社仏閣に使われてきた。幕府から管理を任された尾張藩の貴重な収入源であり、木曽川の開発には、水利権はもとより木材の運搬はじめさまざまな権利がからんでいた。桃介は島崎藤村の兄・広助など沿川

工事現場での桃介と貞奴

の人々と、水利権などをめぐって粘り強く交渉を重ねた。
町の中ほどに架かる木造の雄大な吊橋は、その名も「桃介橋」。大正十一年（一九二二年）に発電所の資材運搬用に架けられた。木曽川の激流にあらがうような二四八メートルの橋を、太いワイヤーが縦横に頼もしく支えている。橋げたのトラス（三角構造）はデザイン的にも技術的に優れているとして、国の重要文化財になっている。老朽化でいったんは町議会の廃橋決議を受けたのだが、幸か不幸か撤去の予算がなくて「大正ロマンを偲ぶ桃介記念公園整備事業」の一環として復元された。幸運な橋だ。

読書発電所

橋のとなりに「福澤桃介記念館」「山の歴史館」が並ぶ。記念館は工事の前線基地として建てられた別荘だった。今ここには、尾張藩が行った過酷な山林政策や、木曽独特の「木年貢」、木材運搬の「川狩り」や森林鉄道の史料、事件の記録などがなまなましく展示されている。記念館のモダンな雰囲気が名古屋の「二葉館」と似ている。大井発電所が完成する大正十三年（一九二四年）まで、桃介は貞奴を連れて頻繁に滞在し、ニッカーボッカー姿で各地の建設現場に通ったという。政財界の実力者や外国人技師などを招いて投資を説得し、しばしば華やかな宴も催した。接待はもっぱら貞奴の役だった。技術者たちとの記念写真に収まっている貞奴は、何に臆することもなく凛としてあたりを払っている。

近ごろはまわりにクマも出るので

川を少し下った右岸には、大正ロマンが香る格調高い読書《よみかき》発電所が、三本の鉄管を背負って悠然と川を見下ろしている。できた当時は四万七百キロワットという日本最大の発電所だった。現在は関西電力所有で、近代産業遺産にも指定されている。古い体制を打ち壊すようにダムや発電所を建設し、木曽川の景観を一変させて産業を切り開いていったこの時代が、桃介の遅い青春だったのではないだろうか。恩返しするかのようにこれを支える貞奴にも、充実感があったのだろう。

記念館の管理人Nさんに「桃介と貞奴の暮らしぶりはどうでしたかね？」と聞いてみた。何か親密なエピソードでも聞けるかと期待したのだが、Nさんは「……二人は夫婦ではなくて、事業のパートナーだったので寝室も別で……」と歯切れはよくなかったが、それで十分だった。近頃は別荘のまわりにクマも出るので、渡り廊下にはラジオをかけっぱなしにして、クマに聞かせている、とのことだった。

記念館の隣、名物手打ち蕎麦処「桃介亭」は残念ながらお休みだった。少し戻って、妻籠宿まで蕎麦を食べにいった。汗を滴らせて宿場の石畳を上りながら、「これまでに書かれてきた膨大な自由民権の記録・言説の多くは、男による男のための物語ではなかったか?」という思いが、ふっと頭をかすめた。無二の戦友・音二郎も、事業のパートナー・桃介も、新しい時代に独創的に立ち向かい阿修羅のように生きたが、終始自分の思いを貫き通したのは、貞奴だったかもしれない。

貞奴は天下国家のために闘ったのではない。自らと女優の自由を求めてひたむきに生きたのだった。誰かに似ているとしきりに気になっていたが、そうか、スカーレット・オハラに重なって見えたのだった。秋にはまだ間があるのに、ヒグラシがしきりに鳴いていた。

年表を見れば貞奴が生まれた明治四年(一八七一年)は、廃藩置県が断行され、最初の日刊新聞『横浜毎日新聞』が誕生し、世界史上初めての社会主義政府「パリ・コミューン」が生まれた年だとある。その後まもなく明治六年に板垣らが議会と国会開設を求めた「民撰議院設立建白書」が出され、自由民権運動がスタートすることになる。

七、わが村を滅ぼした足尾鉱毒事件
――殖産興業・富国強兵への道

足尾鉱毒事件との衝撃的な出会い

「日本海時代の祭典」という集いが年一回、もう五十年近く開かれている。日本の戦後高度成長の絶頂期、一九七〇年（昭和四十五年）の大阪万博に疑問を感じた人々が、経済優先の風潮の中で見失われがちな問題を生活者の目線で見つめてきた。特定の主催者はなく、信条、性別、年齢にとらわれない自由な集いで、七〇年に佐渡から始まり、大きなメディアには取り上げられない〈地方〉を会場に開かれてきた。たまたま七七年に「水―旧谷中村の集い―」というテーマで、僕の母の故郷・茨城県古河市で開かれた際、勧められて参加した。

テレビのディレクターとして、僕は四日市公害や長良川河口堰問題など公害・環境問題も取材してきていたので、〝面白そうだ〟というノリで参加した。この集いの参考に『谷中から来た人たち　足尾鉱毒移民と田中正造』（新人物往来社）を友人から借りて読んだ。北海道最北サロマの隣・北見市の教師だった小池喜孝が、サロマ開拓の移民となった谷中村の人たちの苦難を、粘り強い聞き書きによって明らかにしたものだった。小池の迫力のある描写に引きこまれながら読み進んでいった僕は、途中で文字通り絶句した。あろうことか、鉱毒事件で廃村にされた悲劇の谷中村の村長・茂呂近助とは、わが曽祖父ではないか？　見覚えのある表紙の写真は、谷中村から移築した古河市の母の実家だった。

どの教科書にもあるように足尾鉱毒事件は、殖産興業を進める明治政府の後押しで、古河市兵衛の足尾銅山開発による鉱毒ガス、汚染水などの有害物質によって渡良瀬川流域一帯の農・魚産物が死滅し、住民千人以上が犠牲になった、日本最初の大規模〝公害〟である。鉱毒の〝溜池〟にするため、最下流にあった谷中村が強制買収・破壊され、住民は追い立てられた。民権家・田中正造はじめ、多くの知識人、学生、運動家たちが谷中村民の支援に駆けつけ、人命よりも鉱山を擁護する政府に抗議した。幕末に名主の家に生まれ、谷中村の村長を務めた茂呂近助も、この荒波に呑まれていった一人だった。

明治三十三年（一九〇〇年）、流域住民による第四次「押出し（デモ）」に対し、川俣で待ち受けた警官隊は「このどん百姓！」とののしりながら棍棒を振りかざし、茂呂村長を含む百人あまりを逮捕し、兇徒聚集罪で裁判にかけた。政府や栃木県によるさまざまな策謀や廃村決議、ついには強制破壊によって、谷中村は潰される。近助は、田中正造の反対を押し切り、貧窮する村民一七戸を率いて、極寒のサロマの開拓に向かう。

明治四十四年、移住当時五十九歳。家や田畑を奪われ、僅かな荷物を背負った村人たち二百余人を率いて、厳寒のサロマへ。自然の厳しさに、移民たちは一人、二人とこどもたちを手放しながら不毛の開拓を続けた労苦は、あまりに胸を衝くものだった。

恥ずかしいことながら、日本の近代がそのように展開していったことも、そこを生きてきた曽祖父母たちの辛酸も、先祖について語らなかった父母たちの想いについても、僕はまったく考えたことがなかったのだ。父母たちが舐めた苦難を知らなかったということが何よりの衝撃だった。よく考えれば谷中村の話題を避けていた母や、叔父・叔母の態度に〝思い当たるフシ〟がないわけではなかった。自分のうかつさが、強く強く悔やまれた。

ルーツの謎解きを始めて

鉱毒事件の勉強を始めて、一九九一年（平成三年）春、田中正造の分骨を祀った旧谷中村（栃木県藤岡町）の「田中霊祠」での「正造生誕百五十年記念慰霊祭」に恐る恐る参加し、田中正造の秘書役だった島田宗三の三男・早苗さんの講演を聞いた。その後の集まりで、主催者から「裏切り者の子孫などと遠慮しないでいいですから、これからも気楽に参加してくださいね」と、妙に優しく慰められたのも衝撃的だった。〝裏切り者？〟近助や買収に応じた大多数の村人たちは、正造ら「正義派」から見れば、どうやら「売村派・裏切り者」と呼ばれてきたらしいのだ。

曽祖父は〝裏切り者〟だったのだろうか？　村長としてどんな役割を果たしたのだろうか？

谷中村の茂呂近助夫妻

ほとんどの移住者は旧谷中村近辺への移住だったのに、近助たちはなぜ遠いサロマだったのか？　北海道で何をしようとしたのか？　僕の母や叔父・叔母たち、つまり近助の孫たちはなぜ近助を「疫病神」と呼んで嫌っていたのか？

　このときの衝撃は深く、僕は近助の孫である叔父・叔母や、曾孫にあたるいとこたちとともに「茂呂近助と谷中村を語る会（語る会）」を作って、ルーツに関する勉強を始めた。しかし村長だった近助の公的な記録、日記、手紙などの資料はほとんど残っていなかった。栃木県谷中村を追われて、隣接する茨城県古河市に〝あがった〟ので、茂呂一族の実家は今も古河にあるのだが、そこで合宿しながら先祖の資料探しや、講師を招いて研究会をしたこともあった。

　家族を守るどころか、すべての資産を不毛の開拓につぎ込む父・近助の言動に、養蚕技師となって生きた長男・蔵一郎（僕らの祖父）は苦しんだ。日清・日露戦争に召集されながら、戦地からしばしば父の活動をいさめた。鉱毒反対運動に明け暮れた父の記録や資料を、蔵一郎は苦い思いで一切処分したのだと思われる。

「語る会」は年に一、二回しか開けなかったが、手分けしながら郷土史の資料や田中正造に関する多くの書籍、裁判記録などに当たり、「田中正造大学」、「渡良瀬川研究会」、「谷中村遺跡を守る会」などの学習会やフィールドワークに参加し、谷中村跡や佐野市の田中正造記念館、北海道・佐呂間の開拓地なども見学して回った。学習会を開くたびに分かったことを『近助研究会通信』と題して、親族に配った。その多くの事務を担ってくれたのは、横浜に住む従姉弟たちだった。叔母はこう詠んだ。

灯の下に　相似の貌を寄せあひぬ　討入り前夜といふにあらねど（寺田桂子）

「正義派か売村派か」という二者択一

遅まきながら足尾鉱毒と谷中村事件について調べ始めると、謎は深まるばかりだった。足尾鉱毒事件と谷中村事件は、荒畑寒村『谷中村滅亡史』、大鹿卓『谷中村事件　ある野人の記録 田中正造伝』、城山三郎『辛酸』、林竹二『田中正造の生涯』、菅井益郎ほか『通史・足尾鉱毒事件』など多くの書物や、映画『襤褸の旗』（吉村公三郎監督）などの作品で知られてきた。検索すれば関連書は数百にもなる。しかしそれらは主として田中正造の〝不屈で英雄的なたたかい〟を中心にした抵抗運動、反政府闘争として語られ、正造の死亡で終わっていて、個々の村人の生活や家族、歴史に関するものはほとんどなかった。

日本の近代史を支える古河銅山をめぐる複雑で多面的な大事件である。農省務大臣・榎本武揚や谷干城も視察に訪れたが、農民を守れずに辞職した。足尾鉱毒事件・谷中村事件が語られるときは、いつも「政府につくか農民につくか」、「田中正造の正義派か、村を出る売村派か」という政治的な評価がついて回り、ここに登場する人々は政治的に描かれ、具体的な個人の視点、生活の立場で記録されることはほとんどなかった。

人間らしい顔をした村人が登場するのは、田村紀雄『渡良瀬の思想史　住民運動の原型と展開』、島田宗三『田中正造翁余禄』などに登場する少数の人たちだった。ようやく、「谷中村の遺跡を守る会」の針ヶ谷不二男や田中正造大学の調査、地元『下野新聞』はじめ朝日・毎日・読売新聞などのジャーナリズムの取材によって、主体である多様な村人たちの生きた軌跡や物語が発掘され、移住先の聞き取りや記録などでも語られるようになってきた。

民衆そのものを欠落させてきた近代史

従兄弟の山崎信喜は研究会でこう指摘した。

「まず、民衆一人ひとりを見る視点が大切ではないか。鉱毒事件、特に川俣事件は〈民衆対財閥・国家権力〉という分かりやすい図式があてはまるが、谷中村事件では、それに加えて上流対下流、谷中村対沿岸町村、民衆対民衆という構図も見える。これは「谷中村四五〇戸の内、正造と共に残った一六戸以外はみんな裏切り者か」「未だに谷中出身ということを言えない現実」があることをどう受け止めるか。民衆は被害者にも加害者にもなりうるし、善と悪という尺度では谷中村事件は解読できないと思う。鳥瞰的にではなく谷中村民の目線で見ると、村民一人ひとりは考えや立場の違いはあっても、それぞれ悩み苦しみながら村の存続や村民のために行動したと言えるのではないか」と。

そうした中で出会った小池喜孝の『谷中から来た人たち　足尾鉱毒移民と田中正造』には、僕自身の先祖が直面した事件と生き方が描かれているということだけでなく、個々人の生活の側から谷中村事件や、殖産興業・富国強兵の政策に踏みつぶされていった人々をとらえ直す観方を示してくれた。小池はほかにも『鎖塚　自由民権と囚人労働の記録』、『秩父颪《おろし》　秩父事件と井上伝蔵』、『平民社農場の人びと　明治社会主義者のロマンと生きざま』など、歴史の結節点で生きた無名の人たちを描き続けた。

小池は徹底して〈民衆史〉という視点・方法を貫き通している。「私が追跡していた自由民権の運動家で、不屈さを示した人物に共通しているものは、理論の高さとか、指導力の強さとかでなく、民衆に対する誠実さであった。そして今までの日本近代史は、その民衆に誠実だった人物と、民衆そのものを欠落させてきた」という。小池の考え方と方法は、僕自身にとっての灯台の一つになった。

aibo：おいおい、今度は自分のファミリーヒストリーかい？

masa：その通りや。大体「先祖」やら「家族」なんて、爺さん・婆さんがしゃべるときには、手柄話で粉飾されてるか、都合の悪いことは隠されてるやろ。それでぼくらも、なるべくそういうややこしいコトには触れんようにしてきたんや。

aibo：お前の先祖の谷中村で言うと、政府には〝危険人物〟と言われ、田中正造には〝裏切り者〟と言われてきて、沈黙してきたってことやな。

masa：谷中村に生きた一人ひとりの人生が、鉱毒事件というすごい政治の中に呑み込まれて、他方で田中正造という巨像の陰で忘れられてきたんや。でも小さなきっかけから「正義か、裏切りか」「正造か政府か」っていう単純な二分法やなくて、近助爺さんに関する事実をできるだけ忠実に知りたいと思ったんや。自分の家族史を通して、普通の村人たちもどうやって生きたのかを知りたかったんかもしれん。

aibo：〝大多数の村人が裏切り者〟だっていう見方、歴史観は転倒してるよな。

masa：無名の親や自分たち自身のかけがえのない歴史を、「自画像」として再現してみないと、いつも「英雄中心の歴史」から自由になれないと思うんだよね。

産業革命の中核・足尾銅山の功罪

古河市兵衛が経営する足尾銅山は、明治二十一年（一八八八年）の英ジャーデン・マセソン商会との銅の全額買い取り契約によって大増産が始まった。明治十六年に千人あまりだった労働者は、国会が開かれた明治二十三年には一万六千人になり、産出量は全国の四分の一となる。銅は輸出総額の一割を占め、有数の産銅国として産業革命と資本主義の成立に大きく貢献していったが、その頂点にあったのが足尾銅山だった。

同じ二十三年八月の渡良瀬川大洪水で、鉱毒被害が一気に拡大した。坑道からの銅、硫酸銅など有毒物質を含む地下水が流出し、それに乗じて大量の鉱滓が川に棄てられた。さらに精錬の燃料として足尾の山林を乱伐したため、洪水は大規模化し、被害は渡良瀬川流域一帯から東京にまで広がった。冠水した稲は穂を出さず、桑は枯れ、健康被害が広がった。窮乏した人たちは税金も納めることができず、選挙権（国税一五円以上）、公民権（同二円以上）を失い、税収のなくなった村々は破産し、死者は千人を超えた。

かつての足尾銅山

田中正造（大正元年）

僕の母方・茂呂家は栃木県下宮村（後・谷中村）の名主だった。幕末に生まれた曽祖父・近助（嘉永五年・一九五二年）は、三十三年、最後の民選村長になり、近隣の名主たちとともに流域農民たちの先頭に立って、洪水対策、鉱毒被害の調査や、政府への鉱毒停止の請願運動に年中駆け回っていた。生活や仕事のことは家族や雇人に任せていたのだろう。

こうした村民に寄り添い、ともに鉱毒被害にたたかったのが田中正造であることは、教科書などに書かれている通りだ。天保十二年（一八四一年）下野国小中村（現・佐野市）の名主の家に生まれた正造は、維新後、自由民権結社「嚶鳴社」に所属し、『栃木新聞』（現『下野新聞』）の編集長になって国会開設を訴えた。民権運動を強権で弾圧した三島通庸県令と対立し、「加波山事件」で逮捕されるなど、燃え上がる自由民権運動の先頭に立った。県会議長を経て明治二十四年、衆議院議員になり鉱毒被害民の「押出し」を支援して国会で質問を重ねる。

三十一年には二つの民党が「隈板内閣」を組織して、田中正造は〝われわれの内閣〟だと喜んだが、民権派の大きな期待を集めた内閣はすぐに内紛で瓦解した。この間の三十二年、正造は「足尾銅山鉱毒被害民救護請願書」を大隈に出すものの、政争の中で無視されて終わった。

民を殺すは国家を殺すなり

明治三十三年（一九〇〇年）二月十三日、鉱毒反対運動の拠点・雲龍寺に集結した一万二千人ともいわれる流域住民「押出し」に対し、利根川べり・川俣（現・明和町）で待ち受けた警官隊は、一斉に捕縛にかかった。「川俣事件」である。曽祖父・近助も谷中村から唯一人捕まり、兇徒聚集罪で起訴される（後に無罪）。事件の二日後、田中正造は国会で有名な「亡国に至るを知らざれば之れ即ち亡国の儀につき質問」を行った。

「民を殺すは国家を殺すなり。法を蔑《ないがしろ》にするは国家を蔑にするなり。皆自ら国を毀《こぼ》つ（打ち砕く）なり。財用を濫《みだ》り民を殺し法を乱して而して亡びざる国なし。之を奈何《いかに》」、と。山縣首相は「意味不明」と答弁を拒否した。政府は翌月、治安警察法を作って社会主義者や民衆を力づくで抑えにかかった。このあたりが明治国家が〝専制国家になっていった分水嶺〟かもしれない。正造は翌年議員を辞職。幸徳秋水に書いてもらった直訴状を、決死の覚悟で天皇の馬車に差し出したが、狂気扱いされただけだった。以降、正造は谷中村に住み込んで村人たちと闘い続ける。

川俣事件記念碑

日露戦争に突き進む明治政府は次第に猛々しくなっていき、鉱毒問題を治水問題にすり替えて、谷中村を遊水地にすることを決め、明治三十九年ついに残った農家一六戸を強制破壊した。村を追われた人たちは、同じ寺の檀家や神社の氏子同志で相談したり、あるいは遠い伝手を頼って、それぞれに開拓・移住先を探して村を出なくてはならなかった。

自由民権の政治家たちはどこにいってしまったのか？　山縣内閣の農商務大臣を務めたのは、あの坂本龍馬と海援隊で行動をともにした陸奥宗光だったが、今は息子・潤吉を足尾銅山の経営者・古河市兵衛の養子にしていた。『大阪毎日新聞』などで言論人として台頭した原敬は、福澤諭吉系の民権論者で初の〝平民宰相〟として期待されたが、古河鉱業の副社長に就き、谷中村に土地収用法を適用した閣僚になった。

国会や政党というものが始まって日も浅く、政党が世論を吸い上げたり、鉱毒問題を解決する問題意識も政策力もまだなかったかもしれない。しかし急速な殖産興業・富国強兵による深刻な鉱毒問題は、足尾だけでなく別子や日立の鉱山にもある全国的な課題だった。

各地にひろがる労働争議と暴動

このころ各地の鉱山に、社会主義の思想や運動がようやく芽を吹きはじめていた。明治三十五年（一九〇二年）、北海道夕張で出会った永岡鶴蔵、南助松はキリスト教の影響を受けながら「大日本労働至誠会」を結成する。翌年、片山潜を夕張にむかえて、はっきりと社会主義を掲げるようになり、全国各地を遊説して、労働組合の必要性を説いて回った。この年末足尾銅山にやってきた永岡は、労働者と一緒に働きながら、幻燈会を開いたりして、三十七年には「大日本労働至誠会足尾支部」結成にこぎつけた。

至誠会は月五銭の会費をあつめ、傷病などで休んだときは一日六銭保障するなどの共済活動で会員を広げる。会員の不当解雇を二度も撤回させて信望を高め、機関紙『鉱夫の友』や『週刊平民新聞』を鉱夫に広げて、半年で会員は千人にも達したという。

賃金は安く労働条件は過酷で、足尾の労働者の不満はついに四十年二月四日に暴動に発展する。通洞抗内で見張り所が破壊され、ダイナマイトが投げ込まれた。騒ぎは本山坑らに飛び火。ダイナマイトで見張り所が爆破された。南らは労働者を説得したが事態は収まらず、六日には鉱山事務所が襲われ、所長が暴行された。南と永岡が教唆扇動の疑いで逮捕されると、さらに施設が放火され大暴動に発展した。栃木県の中山巳代蔵知事は軍隊の出動を要請。高崎市から三個中隊が足尾に派遣され、足尾銅山は全山で操業を停止した。検挙者数は六二九人にものぼった。

三十九年暮れの大阪砲兵工廠のストライキから始まり、翌年二月の足尾銅山暴動、三菱長崎造船所のストライキ、六月に別子銅山騒擾事件が起こり「明治四十年の三大争議」と言われる。この年はほかにも、生野鉱山、幾春別炭鉱、幌内炭鉱、夕張炭鉱、歌志内炭鉱などでストライキや暴動が頻発、一年間で一五〇件近くもの争議があった。急速な近代化政策の裏側で、鉱山・工場の労働者たちは過酷に働かされていた。

当時の社会運動家の間では、言論中心の政治活動で社会を変えようとする堺利彦、山川均らと、労働者の組織化に力を尽くす片山潜、直接行動を主張する幸徳秋水らの政治的考えや方法が違っていた。天皇制を批判しながらも政治システムの変革ではなく、天皇個人へのテロリズムを目的とする無政府主義の人々も混在していて、社会主義運動は混乱していた。鉱山の争議を激しく闘っていた労働者たちは、残念ながらヤマの外で鉱毒にあえぐ農民たちと手を結ぶ機会はなかった。

四十三年五月、宮下太吉、管野スガらによる天皇暗殺計画を知った政府は、一挙に社会主義運動のせん滅を図った。幸徳秋水をはじめこの計画には関係のない数百人の社会主義者、無政府主義者を全国的に検挙し、暗黒裁判によって「大逆事件」としてフレームアップし、直ちに幸徳ら一二人を死刑に、一二人を無期懲役に処した。

日清・日露戦争に駆り出されて

近助は鉱毒反対運動のため財産も使い果たし、活動資金を親類縁者に頼って回らざるをえなかった。こうした混乱の中、近助の長男・蔵一郎（祖父。明治九年生）が日清・日露戦争に駆り出されたことは、茂呂家には大きな打撃になった。明治二十七年（一八九四年）、蔵一郎が十八歳で日清戦争に応召したときは、谷中村は鉱毒で困窮し、三八五戸の半分が税を収めることができず公民権停止に追い込まれていた。流域の他の村々の名主と一緒に、茂呂親子も洪水対策、鉱毒対策に駆け回っていたに違いない。鉱毒は激しくなるばかりだった。明治三十七年、二十八歳の蔵一郎は後ろ髪をひかれる思いで日露戦争に再度応召され、従軍中の旧満州から父・近助に対し、鉱毒事件に深入りしないよう忠告の手紙を出している。

「古語にも〝恒産なければ恒心なし〟とか、已に恒産を失し候ものが、徒に忠義立ていたし候は、已の苦労を増すばかりか世人の笑いを招くのみにこれあり候間、（中略）ツマラヌ他人事には当分手出しなされぬよう呉々祈り上げ候。陣中憂うるところ只、これのみ」。村に降りかかる鉱毒への抗議活動を「ツマラヌ他人事」と指摘して、処世第一にするよう諫言している。しかしすでにこの年、栃木県議会は秘密裏に谷中村買収を決め、近助は謀略的な事件で収監されてしまう。ついに三十九年、政府は土地収用法を適用して谷中村に残った人々の住居を強制的に破壊した。買収に応じなかった一六戸と田中正造は、堤防にへばりついて抵抗を続けた。

その後の一六戸の闘いは多くの本や映画になっているが、警官のサーベルに威嚇され、正造に「裏切り者!」と呼ばれながら、村を追い出されていく大多数の農民たちの記録はあまりに少ない。藤岡町史や『田中正造翁余禄』、前述小池の『谷中から来た人たち』に、そうした人たちの苦しみの一部が描かれているが、僕らの研究会も議論を繰り返しながら少しずつその空白を埋めていった。祖父・蔵一郎が存命のうちに、これに気づいて聞いておけばよかった、との悔いは深い。

研究会の中で僕自身は、「北海道への移民政策」がどのように作られていったのかを洗い出す役を担った。政府が作った「第二次鉱毒調査委員会」の議事録や、谷中村を陰ながら支援していた榎本武揚の海外移民政策、各種のジャーナリズムの社説、北海道移民を熱心に勧誘した『北海タイムス』のキャンペーンなどを比較しながら、当時の世論の動静を改めて知った。平民社の人たちは北海道に農場を開き、『平民新聞』を発刊しながら谷中村を支援してくれた。善意に満ちた大谷派やキリスト教各派の人たちの支援も表明されながら、世論は次第に「北海道移民」へと狭まっていったのだった。

明治四十四年四月七日、移民政策に追い込まれた旧谷中村や周辺被害町村の人たち七一戸三六〇人が、「栃木県北海道移住団」として小山駅から出発するはずだった。しかし実際に集った人たちは、予定より少ない六六戸二二〇人に減っていた。近助は「副団長」の毛糸の房を胸につけていたという。

政府や栃木県の強い圧力も受けながらも、引退していた近助は「新天地・北海道に新しい谷中村を再建しよう」と苦渋の決断をしたのだろうと推測するしかない。当時五十九歳という人生の終盤に、家族・親族に反対されながら再度立ち上がった気迫に圧倒される。ただ、元村長という立場でありながら、北海道サロマの気象や産業状況、開拓資金などどこまで可能かなどについて十分な検討をしていなかったのか、その責任を問われても仕方がないと考えられる。

まだ大逆事件の記憶が鮮明なこの春、治安当局の警戒は厳しかった。出発にあたり吉屋下都賀郡長は、「故郷へ錦を飾るのではなく、極力開墾に励んで北海の野に錦を飾れ」と〝激励〟する。正造はこの北海道移住に対し、谷中村の被害民を北海道に移住させる工作は、闘っている残留民との絆を引き裂く「政府の奸策」だとして、強く批判した。

ハッカで生き延びた曽祖父たち

移民たちを待ちかまえていたのは、流氷の押し寄せるオホーツクに面し、ヒグマがくらす極寒の大地だった。原生林の開拓地では、稲も麦もできなかった。「生木を切るとノコギリはすぐ歯が駄目になる。土質は粘土質で石ころが多くクワは歯こぼれする」と、当時の記録は語っている。下都賀郡長・吉屋雄一が事前調査した〝南に開け、乳流れ蜜あふれる豊かな土地〟という報告書は、調査に行ったはずの吉屋の創作だった。

移住先でも厳しい監視小屋が立っていた。近助は、開拓地でピストルを持っていたという。役人からは〝危険人物〟と言われ、正造派からは〝売村派〟と罵られながら、近助たちはザルに水をそそぐような開拓に、ありったけの財産をつぎ込んで辛酸をなめた。近隣の目を憚りながら、

ルベシベ峠を超える開拓者たち（版画・小口一郎）

子孫である僕の母や叔父・叔母たちもまた、その後をひっそりと生きてこざるをえなかった。

わずかな資金を次々に使い果たし、また悪質な商人に巻き上げられて、開拓者たちはたちまち窮乏していった。厳しい生活から離農者が続出して、入植者は三年後の大正三年（一九一四年）には当初の半分以下へと激減。

栃木地区に電気が通じたのは、さらにその三十四年後、昭和二十三年（一九四八年）のことだった。『栃木のあゆみ　栃木開基開校七十周年記念』（佐呂間町栃木団体）には開拓の苦闘が生々しく記されている。

数年後、北見へ渡来したハッカの生産が成功して一時は好景

気に沸いたようだが、昭和になると国家統制によってその旨味も失せた。茂呂近助はハッカを手土産に、たびたび東京に住む長男・蔵一郎や親戚を訪ねてきては、なけなしの家産をサロマの開拓資金に持って帰った。僕の母を含む九人の子どもを育てていた祖父母や親族からは、近助は〝疫病神〟と呼ばれていた。

春になると毎年、僕の住む岐阜のデパートで、恒例の「北海道物産展」が開かれる。イクラ、タラバガニなど色鮮やかな海鮮弁当や、ロイズのチョコなどを冷やかしに寄ってみる。賑わう売り場の片隅に「北のかおりハッカ油」がひっそりと売られている。ハッカ（薄荷）は、北見の特産品。虫よけの特効があるほか、クッキー、焼酎やうがい薬にも使われているらしい。リップクリーム程度のサイズで千円もするのだが、北見の産物と聞くと、最近人気の〝北のスポーツ・カーリング〟と同様、妙な懐かしさを感じてしまう。叔母・山崎和子が、その時代を詠んだ歌がある。

金繰りに気まずき祖父と父悲し　ハッカの香り染みし戸棚よ

小池喜孝さんからの手紙

わが「語る会」は、関係者への聞き取りや現地の見学、文献調査などの研究を重ね、足尾鉱毒問題では無二の出版社・随想舎の石川栄介さんの支援で、川俣事件から百年後の二〇〇一年（平成十三年）、『谷中村村長・茂呂近助～末裔たちの足尾鉱毒事件』として世に出すことができた。鉱毒事件関連のフィールドワークやシンポジウムなどを続けてきた「田中正造大学」でも、佐野市の公民館で発表の機会をいただいた。ようやく〝裏切り者の汚名〟が少しは晴れる気分だった。

会の代表格の叔父・茂呂豊が、研究会の紹介と、下野国下宮村の名主だった茂呂家の系譜を説明した。また自身が勤め上げた日本航空の成田空港長になった晩年、空港建設に反対する農民たちと対立する立場になって、改めて谷中村民の心に思いを馳せて葛藤した心の内を語った。その後それぞれのメンバーが、「谷中村崩壊の一因になった排水機問題と農民の生き方」、「北海道移住・栃木団体の苦闘と近助が果たした役割」、「買収地貸下げ願いの意義や帰郷請願のいきさつ」、「今も〝現地〟である古河で暮しながら思うこと、鉱毒事件は終わったのか」、などのテーマでこもごもに語り、参加された人たちと時間の経つのも忘れて話し合った。まだ存命だった金沢の母に知らせてやりたい会だった。

本の出版で、関心を持ってくれている友人・知人に、「先祖が谷中村」ということを隠すことなく語れるようになったのは大きな喜びだった。読んでくれた多くの方から心のこもる感想をいただいたが、中でも北見で『谷中村から来た人たち』を書いて〝もう一つの谷中村〟を発見し、記録してきた小池喜孝さんからの、思いやりの深いお便りからは励まされた。

「もうひとつの谷中村サロマ」には、私が在住した北見市に近いので、何十回も訪ねました。集落は小さかったのですが、移民の心のより所とした栃木神社は立派で、（栃木県宇都宮の）二荒山神社からの勧進、お寺は日光多聞寺にあやかり天台宗、若佐小学校はサロマ共同体の核となり、祭りには八木節が呼び物。真打ちは、近助の片腕、川島平助指導の歌舞伎で、近隣からも見物人が訪れたほどでした。

開拓移民は、四年後の大正四年（一九一五年）、第一次大戦を迎え、大戦景気、ハッカブームが爆発、茂呂農場も改築され、建物にもハッカ蒸留釜が備えつけられ換気孔が見え、近助は佐呂間村農会長に推された。ハッカブームは長く続かなかった。大正八年には戦後恐慌の波が襲い、冷害凶作の被害も北見地方で最高を印した。ハッカブームでわいた第一次大戦時には、馬上の近助はピストルを持参していたという。熊が出没したサロマでは、ピストルは熊撃退用のハイカラ武器であったわけです。

津田正夫氏は「近助は何故北海道を選んだのか」にて、この問いに明快に解答してくれました。「歴史の節々において、〝行くも地獄、残るも地獄〟という状況におかれる場合はめずらしくない。最終的に、人は自分で選択せざるを得ない。谷中村や鉱毒被害地の人びともまた、だまされたにしろ、おどされたにしろ、移住の方が最終的にましだろうと判断し、開拓に夢を託し、主体的、内発的な選択をしたのだ」（中略）。

そして三代目のお一人に、成田の空港公団の対策責任者として、空港反対運動の矢面に立った人がいたとは、何か茂呂家の守り神の配剤かのように思われました。彼は闘争から去る者、抵抗をつづける農民を、複眼で把えています。さらには、谷中村と成田との農民抵抗の時代の距離に土地収用法実施の懸絶を見ています。冷静です。

aibo：近助爺さんがピストルを持ってたというのが気になってたんやけど、熊対策やったんか？　それにしても茂呂農場といい、〝悲劇のリーダー〟にしてはどうもカッコつけるところがあるんじゃないの？

masa：そうそう、家父長的で威張っていて、家の財産をつぎ込んだことなどに、母や叔母たちの批判はすごく辛口だったよ。「疫病神」扱いだったしね。

aibo：でも幕末（嘉永五年）に名主の家に生まれた男としては、村人を置いて〝逃げる〟ことなんか、自分の倫理が許さんよね。

masa：移住しなくても老後を過ごせる立場にいながら、五十九歳という歳で、再度立ち上がって〝新しい村〟をめざして出発した、という意志に正直圧倒されるね。

aibo：幕末から明治を生きた人たちには、全人的なというか、全倫理的なというか、時間空間や金銭勘定を超えた価値観・世界観があったんだろうね。

masa：既得権を持つ巨大金融資本なんかを予め免罪しているかぎり、SDGsっていうようなイマの「全体性」は、何かいかがわしいんだよね。

サロマに歌舞伎を起こした川島平助

『谷中村村長・茂呂近助』に対して、今も見知らぬ方から思いがけない連絡をもらう。最近、「北海道地域文化学会」のTさんからいただいた『北海道地域文化研究』の農村歌舞伎に関する多くの調査には驚いた。「北海道における農村歌舞伎の概要史〜佐呂間町栃木歌舞伎と他約20か所に発生した歌舞伎の盛衰」（岡田祐二）には、サロマで歌舞伎を起こした谷中村出身の川島平助の詳しい調査があり、佐呂間町のホームページには「栃木歌舞伎創始者」として紹介されている。

平助は十七歳から二十五歳まで、東京で歌舞伎の役者として修業したユニークな経歴があった。親しかった近助とともに移住したのだが、当初、サロマ地区内には谷中村出身者に対する警戒感も漂っていたという。これに対抗するかのように平助は厳しい開拓作業の傍ら、得意だった歌舞伎の普及・上演に熱心に取り組んだ。そして早くも入植三年目に最初の公演にこぎつけたのだった。自ら台本の制作・振付をする一方、村人たちに三味線や浄瑠璃、小道具や衣装、かつらの制作まで教えた。プロの技を知っていたため、女形の指のしぐさや目線、膝の動かし方まで平助の指導は厳しかったという。

長期間の雪と不毛の土壌を相手にして離農者が絶えなかったので、入れ替わる入植者たちをまとめたり、ストレスを発散させるためにも、歌舞伎はなくてはならなかったらしい。「歌舞伎は遊びではない。世の仁義を厳格に教えながら、人々の慰安にも供している」「栃木の結束を図るには歌舞伎しかない」と語っていたという。ささやかな娯楽であるとともに、むら作りの大切な絆だった。平助たちの歌舞伎は、サロマや近隣の春秋の祭り、各種のイベントにも引っ張りだこになった。一九六〇年（昭和三十五年）に「入植五十周年」を記念して最後の公演をするまでちょうど半世紀、四〇種類の演目と一四二冊の台本を持っていたという。佐呂間が最も長く続いたようだが、道内一八カ所でも歌舞伎が競って演じられていたようだ。

平助は「騙されて入植した」という恨みを長く抱いていて、その後の栃木県への帰郷運動にも力を入れていた。平助らを代表者として、栃木県知事に三度の「帰郷請願」が起こされたが、いずれも無視され続けた。六一年に亡くなった平助に代わって、七二年に平助の息子・清や今泉米次郎を代表者として四度目の運動が起こされた。〝公害問題〟が世間の関心を集めるようになっていて、〝鉱毒被害移民の帰郷運動〟にマスコミも注目した。しかし入植者の世代も変わり、逆に栃木地区の過疎化を憂いて、村内は複雑に揺れた。当時の横川栃木県知事が〝受け容れ〟を表明し、農民としてではなく、「おもちゃ工場の従業員」として、一部の人たちがやっと雇われることができた。川島家の仏壇には、近助の位牌も入っていたと聞く。歌舞伎台本などが残っているかもしれないと妄想する。

50周年記念公演での川島平助

それからちょうど五十年目に当たる二〇二三年春（令

和五年)、栃木県立美術館では『「二つの栃木」の架け橋　小口一郎展　足尾鉱毒事件を描く』と題した、郷土の版画家・小口一郎の作品展が大々的に開かれ、関連する映画や講演会などで大きな関心を集めた。近年、正造の生地・佐野市の高校生たちが、現地へのフィールドワークによってこうした苦難の歴史の一部を語り継いでいると、同校のホームページで知った。近助、平助たちはさぞ喜ぶことだろう。

谷中村崩壊の実像が描かれて

二〇〇七年(平成十九年)四月、渡良瀬遊水池のさわやかな新緑の中で、「強制破壊から百年谷中村の跡・人を辿る」と題するフィールドワークが行われた。「谷中村の遺跡を守る会」、「渡良瀬川研究会」、「田中正造大学」、「田中正造に学ぶ会・東京」の共催だった。誘われて参加した僕は『近助研通信・臨時増刊』と称して、かつての「語る会」メンバーにレポートを送った。

「近助研究会のみなさん、ご無沙汰しています。お元気ですか?　今年もフィールドワークが開かれ、総勢五〇人ほどが集合しました。遊水池ツアーの後、シンポジウムが開かれました。

久野俊彦さん(県立栃木翔南高校教諭、国立歴史民俗博物館共同研究員)の基調講演は、二〇〇二年に古河市歴史博物館で『祀り伝える田中正造と谷中村』と題してお聞きした、宗教民俗学的な立場からの研究をさらに大きく広げるとともに、さまざまな図表を使って、廃村以前の谷中村の集落と移転先の相関を明示しました。

正造自身が拒んだはずの『田中正造を祀る、神格化する』ことの不自然さを指摘するとともに、かつては村の小単位の各部落（坪）に祀ってあった神社や寺の、移転先の様子や現在の祭りのかたちから、谷中村のそれぞれの坪や部落の人たちがどのように協議をかさね、犠牲を最小限に抑えながらまとまって移住していったか、地区ごとの丹念な調査結果が報告されました。

また久野さんの先任の山中明子教諭が、一九七二年（昭和四十七年）に調べた谷中村内の各地の移住者・移住年・移住先名簿や、旧村内住宅分布などの分析、移住先での神社や生業などの形態調査などから、実際の移住がどのように行われたかの全体像を示す画期的なものでした。この結果からは、強制破壊に抵抗した残留者中心の従来の谷中村の描き方とはまったく違った全体像が見えてきます。そうした研究から村民一人ひとりを『買村派』と『正義派』を分けるやり方では、村の営みの実態には迫れず、それぞれが自分たちの先祖や地域を掘り起こすことの重要さを強調され、茂呂一族の作業は画期的だと紹介・評価していただき、ありがたいことでした。渡良瀬川研究会の布川了さん、谷中村の遺跡を守る会の針谷不二男さん、田中正造大学の坂原辰男さん、田中正造の生家を守る市民の会の田村秀明さんら錚々たる研究者たちもおられたので、とても面はゆい評価でした（後略）」。

僕たちの「語る会」は、その後〝谷中村の崩壊〟に関する独自の手掛りも発見できないまま、休眠してしまった。実は、谷中村廃村の時期の村内外の混乱が激しく、基本的な歴史データが公表されてこなかったため、有力者たちの子孫の承認もままならず、イデオロギー的な評価が強かったこともあって、実像解明が難しいと囁かれてきた。

しかし実は、土地所有権や水利権管理の中枢である国交省、環境省、関連都県や市町村、学者からなる「アクリメーション財団」（一般財団法人渡良瀬遊水地アクリメーション振興財団）は、地道に読み解いてきていた。特に二〇一八年に栃木県日光市に出された『足尾鉱山跡調査報告書8』の飯村廣壽論文「谷中村と渡良瀬遊水地」によって、当時の谷中村の買収、崩壊、北海道も含めたほとんどの住民移転の経緯や実像を、かなり詳しく読み取ることができるのだった。権力が握るデータというものは、すごいものだと、僕は脱帽した。

近助はなぜ劇場を持っていたのか？

ところでわが曽祖父・茂呂近助は意外な事業に手を出していた。宇都宮市の中心部にある下野国一宮である二荒山《ふたあらやま》神社の参道に、芝居小屋を持っていて興行をやっていたと、伯父が言っていたのを思い出した。当時の参道（現・バンバ通り）には、芝居小屋や商店が並ぶ繁華街だったようだ。〝疫病神〟であった近助の行動は、何から何まで一族に嫌われていたので、劇場興行も〝無駄な道楽〟だと子孫たちは受け止めていた。しかし今になって改めて考えると、彼は劇場で何をやっていたんだろうと、強い興味がわいてくる。これまで近助の芝居小屋を見逃してきたのは迂闊だった。宇都宮市文化課に聞いてみた。芝居小屋がいくつもあったことは知られていたが、経営者や興業の内容までは分からなかった。

宇都宮は加波山事件や三島県令暗殺計画、栃木県庁爆破計画など栃木自由党の活動の中心地だった。そのころ鉱毒事件はまだ表面化してはいなかったが、薩長政府に対する自由民権派の批判・抵抗は激しかった。劇場では、盛んだった歌舞伎や八木節が演じられたのだろうか？　それもあったかもしれない。しかし、三島県令と激しく対立していた県会議員・田中正造や、自由民権の演説会の会場にも使われたこともあったのではないだろうか。近助は劇場のオーナーとして、それらを支えたのだろうか？　「疫病神だった」という母や叔母たちの評価に疑問が広がる。

近助たちは、サロマの開拓地に栃木神社を建てて、この二荒山神社の分霊を祀っていた。歌舞伎にせよ、神社にせよ、移住者たちはそれぞれの心の拠り所を開拓地にも持ち込まずにはいられなかったのだ。さまざまな夢を共有する〈劇場という不思議な空間〉にも、興味が尽きない。

現在の佐呂間

開拓当時のサロマ

八、専制国家と天皇を受け容れた日本人

――文明開化・近代国家の代償

お偉い外国人の活躍

欧米に追い付き、近代国家を構築するため、明治新政府は四千人にものぼる外国人技術者〝お雇い外国人〟を使った。約半分はイギリス人だったが、特に当時産業革命の中心だったスコットランド人に頼るところが多かった。日本の〝灯台の父〟リチャード・ブラントンもスコットランド人で、彼が作った灯台三〇基のうち二三基が今も稼働しているという。上下水道の敷設と公衆衛生に献身したのはエディンバラ出身のウイリアム・K・バートンで、写真趣味が高じて榎本武揚らと「日本寫眞會」を創立した。グラスゴー生まれのジェシー・R・カウン（リタ竹鶴）は竹鶴政孝とともに「ニッカウヰスキー」を創設。銀行制度に尽力したアレキサンダー・シャンド、ヘボン式ローマ字を考案したジェイムズ・C・ヘボン、地震学の基礎を作ったジョン・ミルン、考古学やアイヌの研究を拓いたニール・G・マンロー、海軍士官教育のアーチボルド・ダグラス、

英字新聞『ジャパン・ガゼット』を発刊したジョン・レディ・ブラックら、近代日本の基礎を築いたイギリス人は数多い（高橋哲雄『スコットランド 歴史を歩く』）。

長崎の「グラバー邸」で知られるトマス・ブレーク・グラバーは、アジア貿易や植民地経営で知られたイギリス・東インド会社を継いだジャーディン・マセソン商会の社員だった。長崎代理店としてグラバー商会を設立し、当初は生糸や茶の輸出が中心だった。イギリスのアジア戦略の一環だっただろうが、討幕派・佐幕派を問わず、武器や弾薬を販売し、坂本龍馬の亀山社中とも取引があった。長崎に西洋式ドックを作って造船の町としての基礎を築いたり、高島炭鉱も経営した。面白いことに元治二年（一八六五年）、長崎大浦海岸にレールを敷いて、蒸気機関車「アイアンデューク号」と客車二両を走らせてみせた。明治維新後、武器が売れなくなってグラバー商会は破産したという。

〝お雇い外国人〟たちの多くは若くして来日し、グラバー、バートン、ミルンらは日本の女性と結婚し日本を最後まで愛した。イギリス側にはアジアでの他の列強との覇権競争の思惑もあっただろうが、日本側では一刻も早い先進工業国入りや不平等条約の改正の悲願があった。こうして世界最先端のテクノロジーや実務を合理的に応用する能力を持ち、教育・啓蒙にはきわめて熱心なスコットランドやイギリスの援助があって、精一杯背伸びした日本は明治維新から僅か三十年で、曲がりなりにも先進国に並ぶ近代化を達成した。

留学生たちは、帰国してすぐには藩政や新政府の要職につけなかった。彼らは「藩意識」や

「武士意識」から抜け出して、「国家意識」や「国際人意識」に目覚めていったが、封建制・身分制の意識が支配的だった維新期の日本はまだまだそういう人材を必要としていなかったし、場合によっては命を狙われる場合も少なくなかったようだ。

余談だが彼らによって「蛍の光」「故郷の空」「スコットランドの釣鐘草」「アニーローリー」など、親しみ深いスコットランド民謡がたくさん残された。一方、多くのヨーロッパ人が浮世絵をはじめとする日本の文化を持ち帰って、ジャポニスムの端緒を開いていった。文明開化は、日本だけが西欧化されたという一面的なものではなかっただろう。

続々と西洋に留学生を送って

そもそも「尊王攘夷」「王政復古」の大津波が全国に広がり、戊辰戦争から明治革命に至るのは、グローバル化する一九世紀世界の中で、太平洋航路を拓こうとした嘉永六年（一八五三年）のペリー来航、英・米・仏・露など列強の開港・通商の要求によるものだ。日本は地政的な位置からも、否応なく世界史的な激流に対応せざるを得なくなっていた。長い鎖国政策によって国際事情に疎かった幕府は、文久二年（一八六二年）海外事情を知ろうと、相次いで沢太郎左衛門、榎本武揚、内田恒次郎、赤松則良らをオランダに留学させ、世界の知識水準や日本の国際的な位置を学んだ。

一方「尊王攘夷」思想の急先鋒だった長州は、文久三年馬関海峡を封鎖して、アメリカ・フランス・オランダの艦船に砲撃を加え、翌年にはイギリスとの下関戦争で完敗する。西欧に対する軍事的・文明的な劣勢を学びながら、トーマス・グラバーの密かな手引きで、「長州ファイブ」（伊藤博文、井上馨、山尾庸三、遠藤謹助、野村弥吉）をイギリスに、薩摩も五代友厚や森有礼ら一九人をイギリスに送って、社会制度や法、知識、技術など近代社会の基礎を学ばせた。かれらは植民地にされていくインド・中国などアジアの情勢も見聞し、欧米の文明の力をまざまざと見せつけられた。幕府や諸藩は、国防はじめあらゆる制度・統治機構の改革、技術の導入、財政再建などを重ねていき、究極的に戊辰戦争を経て、大政奉還、身分制撤廃や廃藩置県へと進んでいくことになる。明治四年（一八七一年）の岩倉使節団の派遣は決定的だった。

岩倉・大久保らは封建制の基礎の上に近代国家を築くことは不可能であることを思い知り、西郷らとは大きく対立しながら、さまざまな政策を果断に進めていく。植民地にされていく重要な要因は、軍事力だけでなく鉄道建設などに伴う「外国への借款・負債」にあることも学んでいった。新国家の危ういかじ取りだった。しかし残念ながら、一方で日本人の骨格をなしていた精神性や文化的価値については、まだ無自覚だった。

犠牲が少なかった明治革命

日本の政治・社会革命と近代化は、欧米各国に比べてきわめて短期間で成功したのはなぜか？多くの説があるが、まず戊辰戦争という小規模な内戦で、幕藩体制と軍事権力が崩壊するほど身分制社会が空洞化していたことが、短期での革命成功の要因だったのだろう。マルクス的に言えば、江戸時代を通して「成熟していた生産力に見合った生産関係」が、戊辰戦争を経て再編・再構築されたともいえるだろう。

さらに新旧権力の争いが、新選組などで知られる幕末のテロ合戦や戊辰戦争も含めて、非常に少ない犠牲ですんだことも、維新成功の大きな要因だと言われる。日本より人口が少ないフランス革命では、王党派と革命派の直接の戦闘だけで最低六〇万人の死者が出たが、革命防衛のための近隣諸国との戦争も含めると、二百万人程度の犠牲者があり、アメリカの内戦・南北戦争でも六一万人が死んだという。

一方の明治維新では、将軍・徳川慶喜は自ら「大政奉還」で権力を放棄し、続く戊辰戦争からも逃げて、東北戦争はあったものの犠牲者は最小限ですんだ。「政治的エリートがいわば社会的自殺を敢行した」と言われる明治革命では、死者は多く見積もって三万人程度で、フランス革命より二けたも少ない。また公武合体派の発言力も無視できず、徳川に対する処分も穏便なものだった（三谷博『愛国・革命・民主』）。

この軍事・政治革命を倫理的・精神的に統合したのが、幕末に急速に広がった「尊王攘夷」「王政復古」という強烈なキャッチフレーズによるナショナリズムと天皇だった。薩長土肥ら「尊攘急進派武家」と、岩倉・三条ら「攘夷派公家」の同盟が、幕府に代わる〝ご一新権力〟のシンボルとして天皇を担ぎ出し、「公武合体派」を媒介にして、さしたる支障もないまま明治維新全体を成功させていった。

虫送り、雨乞いも廃止して

僕らの学校時代には教えられなかったが、幕藩体制の下でも江戸時代後期になると、都市周辺や北前船寄港地などから交易・流通が拡大し、かなり市場や産業が発展していたことが、現在では明らかになってきた。嘉永七年（一八五四年）の日米和親条約と続く日米修好通商条約（安政五年・一八五八年）の締結と開国は、市場拡大の流れを一挙に爆発させた。

維新後、政府は急速に世襲身分の解体、文明開化・欧米化を進めた。「武家諸法度」「諸士法度」などで事細かに決められていた服装・髪型・履物などの規制が、明治四年（一八七一年）の「散髪・脱刀の許可」布告で自由になった。武士・百姓・町人は「髷《まげ》を結う義務」から解放される。外見だけでは身分が分からなくなり、士族による「敬礼の強要」、「無礼打ち」も禁止され、九年には「廃刀令」も出る。「穢多・非人」の区分も「平民」に統一され、平民と華族間の結婚も自由になった。

これら一連の脱身分政策を進めたのは、大隈重信や渋沢栄一らが率いる大蔵省だった。日本は古来、田畑の収穫を基準にした農民への課税で政府費用をまかなっていたのだが、近代国家の財政は農民だけでは到底負いきれなかった。六年の「地租改正」によって土地の私有を認め、一律に地価の三パーセント（後に二・五パーセント）に課税して財政の根本的な再建をめざした。

文明開化は過激なほどに急進的だった。六年には氏神の祭礼、地芝居、盆会、五節句、道祖神、虫送り、雨乞い、闘牛など先祖から受け継ぎ、信仰と密着した行事や習俗を、文明開化に相応しくないとして次々に禁止した。あげくに「鹿鳴館」外交に象徴されるように、政府の西欧化政策はおどろくほどのスピードで進められた。

日本にギリシャ正教を伝え、生涯を日本伝道に捧げたニコライ大主教は、日本人の外来文化への対応についてこう述べる。「日本人はあたかも古い着物を捨て去るように、いとも軽々とこだわりもなくその文明を投げ捨てる。そして臆面もなくと言いたくなるほどの大胆不敵な手つきで、ありとあらゆるヨーロッパ的なものにつかみかかっている。外国人に対してこのように軽蔑から尊敬へ、憎悪から非常な好感へと一変した人々、このように熱狂的なまでの性急さで、外国のものなら何もかも丸暗記しようと必死になっている人々、ヨーロッパの諸科学も国家経営のそのまま自国に移植しようと企てた以上、かれら日本人はそれら科学と国家経営の様式の一切の基盤であるキリスト教を知らないですますことができるだろうか」（中村健之介『宣教師ニコライと明治日本』）。

鹿鳴館

aibo：支配民族が入れ替わるヨーロッパや中国に比べると、日本では政権交代による殺し合いは少ないね。

masa：今でも会津には、長州への恨みが多少残ってるみたいやけど、どんな争いでも、犠牲や憎しみを抑えるのが政治的リーダーの資質の一つだよね。

aibo：日本が地政的に島国で、移動は簡単じゃなかったから、良くも悪くも同質性が高いんだろうね。大陸の権力闘争を学んでいた聖徳太子の「和をもって貴しとなす」という十七条憲法の精神性が、日本人には深く刷り込まれてるよな。

masa：そうやね。一方、争いごとを避けようとする態度やら、ルース・ベネディクトが指摘した「恥の文化」（『菊と刀』）、世間体を重んじる文化は、逆の面では「個の精神的自立」を妨げたり、「同調圧力」にもなるんだよね。

aibo：加えて「水に流す」とか、『いきの構造』（九鬼周造）などの日本人の美意識というか、諦観主義的な特性も功罪が分れるよな。外国人や合理主義者にはなかなか分かりにくいやろうね。

masa：逆に言うと、今や人類消滅までの資源や時間の限界が見えてきてるのに、金融グローバリズムと軍事力優先みたいな合理性一辺倒の価値観がまかり通ってる現代世界では、日本人の「恥の文化」とか「敬意の文化」が見直されてもいいんじゃないかな？

武装反乱から公議・公論へ

新政府は軍事・財政・社会制度の一連の改革を進めたものの、およそ十年にわたって混乱・反乱・危機が続いた。社会的なインフラがまだ整わなかったのだが、もう一つ大きな要因は、士族の不安・不満だった。「坪内高国」の章でも述べたように、身分制の解体、家禄の廃止、納税義務、徴兵制などによって、大多数の士族は仕えるべき殿様やアイデンティティを失い、収入も途絶えて生活の危機に瀕した。各藩の負債も引き継いだ政府は、士族に約束した金禄を負担する財力がなかった。

またあらゆる政策について、政府の中枢である天皇、三条・岩倉らの公卿、大久保・西郷・山縣・板垣・木戸・大隈・江藤ら中枢幹部の意見は、それぞれの思想や利害、国元の軍事力を背景に絶えず分裂していた。特に「征韓論」をめぐって、西郷・板垣・後藤・江藤・副島の参議辞職で政府はついに分裂した。薩・長・土の地元では、再度の内乱を待望する士族は少なくなかった。政府は「薩長土三藩からの献兵」によって「御親兵」(明治四年・一八七一年)を作って兵力を吸い上げて内乱を予防し、また「台湾出兵」(明治七年)でガス抜きを図ったものの、不満を募らせた参議が次々辞職して帰郷すると、御親兵や警察官たちも一緒に帰郷した。不平士族による「佐賀の乱」「神風連の乱」「秋月の乱」「萩の乱」などの反乱は、西南戦争の終結まで絶えることがなかった。

こうした武装反乱がすべて鎮圧されると、もはや武力の時代は去ったことを自覚した士族は、言論・公論によって意見・異見を述べて、政策に参加していくしかなかった。非武装の反政府運動を「自由民権」と名乗った面もあったようだ。一方、政府(太政官)も、次第に公議の場所である「元老院」、最高裁としての「大審院」、地方の民意をくみ上げる「地方官会議」などを設置した。新聞というニューメディアを通して情報を広げ、「公議・公論」を重んじる方針を示しながら、一歩ずつ立憲政治に近づいていった。元老院は民間の優れた提案を行政府に回したり、御用新聞『日新真事誌』に載せたりした（三谷博『維新史再考』など）。

自由民権運動の評価

自由民権運動を各地で率いた「民権結社」は、明治二十三年（一八九〇年）までに雨後の筍のように二〇四三社にも上った。それぞれの活動の時期、活動する地域、結社の理念や目的、主体的な構成メンバーによって運動の性格・内実は千差万別だ。結社に共通したのは、①憲法の制定、②国会の開設、③租税の軽減、④不平等条約の改正、⑤地方自治の推進であり、国家的な共通目標は「立憲政治」「立憲制国家」を確立だった。

自由民権運動に関する事項を仮に年表にしてみると図2のようだ。大雑把に言えば、大久保・岩倉らと争って「明治六年政変」（一八七三年）で下野した板垣・後藤・江藤・副島らは、〝藩閥政府による専制政治〟に代えて、憲法に基づく国会開設を要求した「民撰議院設立建白書」（明治七年）を出し、「愛国公党」に結集したのがスタートで、ちょうど百五十年を数える。

その後、いくつかの結節点がある。各地の士族反乱とその〝決戦〟となった「西南戦争」（明治十年）を頂点とする士族反乱の時期、国会期成同盟や政党を結成して運動をすすめる時期、自

図2 自由民権年表

＜内外の動き＞　＜自由民権運動(主に自由党系)＞

嘉永6年・1853年　ペリー来航、通商要求 → 「尊王攘夷論」「国防・財政再建政策」

慶応3年・1867年10月 大政奉還 → 12月王政復古 → 戊辰戦争 → 維新政権

慶応4年・68年　五箇条の御誓文「広く会議を興し、万機公論に決すべし」

(十七条憲法 推古12年・604年「夫れ事は獨り斷《さだ》むべからず必ず衆と與に論《あげつろ》ふべし」)

明治4年・1871年 廃藩置県 → 士族窮乏 ………… 各種旧幕派・反薩長"自由民権論"

明治6年・73年 第一次政権分裂「明治六年政変」＝西郷・江藤・板垣下野。地租改正。徴兵令

明治7年・74年 板垣・後藤・江藤・副島「愛国公党」に結集。→「民撰議院設立建白書」

土佐で「立志社」→大阪で民権結社の連合「愛国社」

明治7年・74年江藤「佐賀の乱」

明治8年・75年新聞紙条例＝言論制限

明治9年・76年秩禄処分　地租改正反対の全国農民一揆　茨城・愛知・岐阜・三重など

熊本「神風連の乱」、福岡・宮崎「秋月の乱」、山口・前原「萩の乱」

明治10年・77年　西南戦争　士族反乱の終焉 →近代へ

明治12年・79年 琉球処分

明治13年・80年 集会条例　80年 第4回大会で「国会期成同盟」に脱皮

明治14年・81年 松方デフレ、国会開設の勅諭　自由党結成

第二次政権分裂「一四年政変」＝大隈追放　→ 82年 立憲改進党

自由党vs 改進党の抗争

82年 自由党全国オルグ　→4/6板垣、岐阜遭難

自由党激化事件　82年 福島事件、83年 高田事件

84年 群馬事件、秩父事件、加波山事件、名古屋事件、美濃加茂事件

85年 大阪事件、86年 静岡事件　84年 自由党解党、武装放棄

明治19年・86年(自由・改進大同団結運動

明治20年・87年保安条例、90年 集会及政社法

明治22年・89年(大日本帝国憲法　明治23年・90年 帝国議会　民党"勝利"

明治27年～28年・94年～95年　日清戦争、台湾植民地化

明治31年・98年　政党内閣(隈板内閣)　→山縣・伊藤内閣へ

明治33年・1900年　治安警察法

明治37年～38年・1904年～05年　日露戦争 → 韓国支配へ

自由民権

由党が影響を与えた各地の「激化事件」（明治十五〜十九年・一八八二〜八六年）とこれらを政府が力ずくで押さえ込んでいく時期、武力に換えて「公議・公論」によって政府を批判し政治参加をめざす時期、そして勅諭を背景に実際に帝国憲法が制定された明治二十二年、帝国議会が開かれた翌年までを自由民権運動期というのが現代の定説だろう。

あるいは激しい弾圧によって自由党が解党した十七年で、実質的な自由民権運動は終わったという見方も多い。自由民権運動が終わったかどうかという評価は、各運動がそれぞれめざしていた目標によっても、研究者の見方によっても違う。

いずれにしても、国内では基本的に武力で決着する時代は終わり、公論・言論によって政策を争い決定する時代になった。そのツールになっていった新聞や各種のメディアは近代社会に欠くことができなくなっていた。余談だが世界中に電信網を引いていたイギリスが、明治五年に上海〜ウラジオストック間に電信用の海底ケーブルを引き、その中継地として長崎も世界と結ばれたという。この電信機能が、洋行していた岩倉使節団との非常連絡や、西南戦争での政府軍の戦術・戦略決定に役立ったと言われる（有山輝雄『情報覇権と帝国日本』）。

美濃の民権運動は特異だった？

岐阜で起こった士族の衝突「板垣退助襲撃事件」と、「名古屋事件」「美濃加茂事件」という二つの激化事件の流れをたどってみた。すると当初の自由民権運動への僕の素朴な期待や先入観はガラガラと崩れた。高くて深い志を持った新時代のヒーローたちが自由・平等を求めて旧時代の悪代官と闘う、という安っぽい小説のようなイメージは微塵に吹き飛んだ。

板垣遭難事件の現場と状況を初めて訪ねて、驚きがいくつもあった。一つは、西南戦争が終わり大隈・福澤ら欧米近代主義派を一掃した「十四年政変」(一八八一年)を経た当時でも、自由党内では板垣事件に乗じて名古屋鎮台を奪取し、政権を転覆しようとする動きが残っていた。また武力で政府を打倒しようとする福島・加波山・秩父・名古屋事件などに、政府は深く動揺して軍を動員して鎮圧した。まだまだ政府の骨格は不安定で、近代国家といえるほどの強い政治体制や国民意識は成熟していなかった。

名古屋事件、美濃加茂事件を調べながら、東海地方独特の自由民権結社の異様な実態にも驚かされた。中核となって指導した民権結社「愛国交親社」は、主として尾張徳川家の旧旗本や士族たちが結成したものだった。秩禄処分などで生活基盤も、精神的な支柱も失った荒川定英、庄林一正、坪内高国ら旧尾張藩の指導者たちは、勤王の思いは強かったものの、身分制・秩禄制の復活を求めるなど、時代逆行的な運動だった。彼らは武装を捨てずに「撃剣興行」を続け、博徒・細民らを巻き込んで旧体制復活の機会を執拗に狙っていた。しかしそれは叶わず零落して巷に埋もれていった。

美濃には僅かに大垣・郡上・岩村に小さな独立藩はあったが、幕府によって七〇の旗本に分割されていたし、下級士族が先頭に立った倒幕諸藩のように、時代や改革を合議・公論する主体も空間もなかった。濃尾平野に広がる「愛国交親社」の実態は、旧尾張藩士らの復古運動で、「封建制から近代社会へ」というような素朴な理論にはあてはまらなかった。またそれらを詳細に調査した長谷川昇の『博徒と自由民権』などの研究も、長い間〝例外的な事実〟のように扱われてきたきらいがある。

今でも自民党が大勝した選挙の後などに、全国どこでも〝当地は日本一封建的だから〟というセリフをよく聞く。岐阜は確かに保守的で、革新的国会議員はめったに生まれないが、大都市周辺を除けば〝政治変革派〟は、今もそれほど多いわけではない。あるいは変革を求めては手傷を負ってきた日本人の記憶は、簡単には消えないのだろう。

天皇神格化のために全国行脚

ところで天皇制をめぐって、民権運動の中で複雑に化学反応が進んでいくことについて触れておかなくてはならない。

岐阜での板垣襲撃事件に対して、政府が派遣した勅使に対する自由党員のさまざまな反応は興味深い。参事院議長・山縣有朋が天皇に上奏し、見舞いに送った勅使・西四辻公業に対し、〝政府と一戦も辞さない〟構えだった板垣ら自由党は、前述したように勅使と聞いて一転して「恐懼して迎え」、暴動前夜的な興奮状態は一挙に治まった。板垣ら当時の上層士族の、天皇への一貫した忠誠・勤王の「古い精神」と、文明開化・四民平等という「新しい革袋」のズレ、志士たちの混乱に改めて考えさせられる。というより僕自身が天皇制について真剣に考えてこなかったことの自覚とでもいうべきか。

明治維新を担った人々の、多様でバラバラな「自由」や「民権」の概念を、簡単に表すことは不可能だ。素朴に言えば、積年の怒りをてこに、徳川専制支配や伝統的身分制に挑戦した下層士族や、自由な通商や減税に期待した豪商・豪農ら、そして都市貧民層らの〝開かれた公論による平等と生活できる職を求める運動〟とでもいうべきものだろうか。彼らの思想と行動は、僕が現代人の感覚でぼんやり想定していた、戦後民主主義的な理念や西欧的近代合理主義とはまったく違うものだった。そして各藩それぞれの事情を抱えた呉越同舟の討幕運動と、突如爆発した戊辰戦争や各地の一揆を収めていくために、正体不明な「万世一系の天皇」というシンボルが、とりあえず〝錦の御旗〟として掲げられた。

「美濃の自由民権のリーダー」を自称しながら、文字通り「王政復古派」だった坪内高国の生き方はいかにも象徴的だ。徳川幕府の旗本が、にわかに現れた天皇に対して、事態がどちらに転んでもいいように、いかに微妙なスタンスを取ろうとしたのかまざまざと分かる。狼狽・混乱しながらも、旧い秩序に戻ることを望みつつ窮乏していった彼のような旧幕派はそこらじゅうにいた。旧幕派だけでなく、多くの藩論は混迷していた。

戊辰戦争を勝ち抜いた王政復古派は、百家争鳴状態の維新後の日本に、急普請の御旗・天皇を強引に行脚させ民衆に見せつけた。それは明治期を通して九七回にもおよんで、「神聖な天皇」

が次第に浸透していった。明治十三年（一八八〇年）になると「不敬罪」が刑法に明文化された。岐阜自由党の「不敬罪事件」では、できたての不敬罪が早速使われた。「当時の民権家が内面的には共和制に賛成、外面的には君民共治とするのに対し」、平民出身の後藤は「世襲観念が希薄で〝天皇も人民の意思で変えられる〟というかなり自由な天皇観」を持っていたと考えられる（若井正「後藤秀一の『天皇不敬罪事件』」『岐阜史学75』）。

新政府よりも急進的な改革を求めたはずの民権家の多くは、天皇制・身分制に対するタテマエとホンネが一致していなかった。タテマエでは「立憲君主制」に賛成し、ホンネでは平等な「共和制」を求めようとしたり、あるいは逆に民権運動内部のタテマエでは「共和制」を語り合いながら、現実政治では旧勢力との闘争を重ねる中で、「立憲君主制」を探っていかざるを得なかった。この両義的で便利な天皇は、国民的な統合装置として次第に定着していったのだった。

名実ともに終わった自由民権運動

「憲法制定と国会開設の勅諭」（明治十四年・一八八一年）が出て、待ちに待った自由党は各地の党員たちに憲法の草案を準備するよう促し、六〇以上の憲法案が提出された。しかし人権条項などで有名な「五日市憲法」や、抵抗権・革命権を明記した植木枝盛の「東洋大日本国国憲按」なども含め、すべての草案は「立憲君主制」を求めていて、「共和制」を求める案は一つもなかった。天皇を廃し、共和制でやっていけると本気で考えている民権結社はなかったのだ。これも戦後を生きてきた僕にはなかなかショックだった。

大日本帝国憲法では、天皇が立法・行政・外交などすべての「統治権を総攬」し、陸海軍の最高指揮権「統帥権」を握っていった。さまざまな曲折はあったが、士族反乱も激化事件も鎮圧され、憲法や国会が創られる。国家の形が整い不平等条約も次第に改正されて、とりあえず日本は国際社会の仲間入りを果たしていった。

自由民権運動は、憲法制定をリードし、議会を開かせ、日本を近代国家・国民国家として成立させるという大きな目標を達成した（このことを目標にした点の評価については、大きな論争があり、後述する）。「民党」（自由民権の諸政党）は、最初の国会選挙で「吏党」（政府系政党）を圧倒する多数派になって、前述したように政府の軍事予算を削減し続けた。列強が軍拡を競う中で、〝民党らしくよく健闘した〟というべきだろう。しかし政府はその直後、宝刀である「詔勅」を使って強引に軍艦建造予算を獲得していった。民党は詔勅には逆らえなかった。詔勅はすでに〝神聖にして侵すべからざる〟（帝国憲法三条）聖域になっていた。

明治三十一年、旧自由党系「立憲自由党」と、大隈・尾崎・犬養らの旧進歩党系「立憲改進党・進歩党」が合同して「憲政党」を作って隈板内閣を誕生させたものの内紛で瓦解して再び分裂し、伊藤の「立憲政友会」に呑み込まれ、伊藤・山縣時代になっていったのは見た通りだ。そして山縣内閣は三十三年、労働者や小作人の団結・争議を禁止する悪名高い「治安警察法」を制定したが、反対する政党はすでにどこにもなかった。同年七月には義和団の乱（北清事変）への出兵が始まった。

幸徳秋水は『萬朝報』に「自由党を祭る文」を寄せた。「嗚呼自由党死すかな。而してその光栄ある歴史は全く抹殺されぬ。幾多志士仁人の五臓を絞れる熱涙鮮血は、実に汝自由党の糧食なりき、殿堂なりき、歴史なりき」。そして翌三十四年五月二十日、幸徳らは、人民主権、軍備全廃、階級制度全廃、財産の分配などを掲げて、日本初の社会主義政党「社会民主党」を結成し、即日、解散させられた。自由民権運動は名実ともに終わったといえる。

「伝統的歴史学」と「新しい歴史学」

自由民権運動に関する研究は、大正時代から百年以上続けられてきた。運動の全体像、民権家たちの姿、論点は多岐にわたっているが、安在邦夫の『自由民権運動史への招待』を下敷きにして、大雑把に流れを見る。

安在によれば、明治期には事件の回顧や壮士や運動家の研究が主流だった。また事実経過は板垣が監修した『自由党史』に依るものが多く、客観的な研究は大正十三年（一九二四年）吉野作造らによる「明治文化研究会」からだという。一九三〇年代には講座派対労農派の「資本主義論争」も活気づいて、民権運動の構造がだんだん解明されてきた。

講座派（野呂栄太郎、服部之総、鈴木安蔵ら）の主張では、自由民権運動は「半封建的地主支配」と、それを基礎とする「絶対主義的天皇制国家」に対する「全人民的な民主主義運動」で、運動は「ブルジョア民主主義革命」をめざすべきだったとする。これに対して労農派は、「明治維新でブルジョア民主主義革命は基本的に成立した」ので「次の課題は社会主義革命」とした。しかし両派とも治安警察の弾圧で検挙され、民権運動は忘れられていった。学問的論争や科学さえ許さなくなった「絶対主義的天皇制国家」の帰結だった。

戦後しばらくは、戦争への批判や反省、民主化や再軍備の問題、東西冷戦の影響もあって、歴史研究全体に政治色が強かったようだ。しかし〈明治維新百年〉（一九六七年）を記念する行事や歴史の掘り起こしが進んでいくと、各地で自由民権運動が見直されるようになる。一九七〇年代になると志士・元勲中心の歴史ではなく、「民衆史」という新しい観点から各地で自主的な研究や交流が始まり、「五日市憲法」を発掘した新井勝紘／色川大吉らの新たな研究も次々花開いていった。

戦前・戦後期の主な歴史観は、「支配と抵抗」「民衆の連帯」といった社会運動的キーワードによる「伝統的歴史学」（古い歴史学）と呼ばれた。これに対し「新しい歴史学」（現代歴史学）は、「敵と味方」というシンプルな二項対立で評価するのではなく、「民衆運動の自律性」を基礎に、民衆自身の記憶や文化を中心的な価値にしていった。

その一人・牧原憲夫は、「古い歴史学」の道徳主義的・主観的歴史観を批判し、民権運動が敗北したのは、日本の特殊性ではなく、近代史一般の問題であるとする。また明治期の運動は「民権派対国権派（政府）」という二つのプレイヤーの対立だけでなく、自律した民衆や小生産者らが、民権派政治家とも国権派政治家とも対抗して、三極構造になっていたと考える。そして民権派のリーダーたちが国民国家をめざし、最終的に国家にからめとられていったのは、本質的には福澤諭吉らの国権主義と同じ近代主義思想だったからだとする。逆に自由民権派が、民衆に「国民意識」や「天皇に対する期待・幻想」を浸透させる役割も果たしたとも指摘する。

この分類からすると〝戦後民主主義〟育ちの僕は、どうもどっぷりと「古い歴史学」で育ってきたのだろう。今更ながら少し衝撃を受ける。

「天皇」や「恋愛」を受け容れた社会

武家に支配されながらも自律した価値観や習俗で生きてきた多様な人々、百姓や町人・芸人たちは、「国家や国民への統合」に抵抗しながらも受け容れて、どん欲に世界の知識を吸収し、多様な産業を興し、地方自治や教育、文芸・歌舞音曲やさまざまな文化を創り、身分制時代にはなかった豊かな生活世界を作ってきたことも事実だ。言い変えれば、維新まではほぼ存在しなかった「国家、国民、日本人」などの実体が明治期を通じて次第に形作られ、「天皇」という存在も受け容れていったのだろう。

世界史的変動の中へ投げ入れられた日本が、それまで認識しなかった「世界」や「自己」と直面し、出会ったのは「天皇・国家・国民・日本人」に限らない。明治時代前半を通して「言論・新聞」や「自由・権利・民主主義・議会・地方自治・個人・文化」といった言葉や概念が、西周・森鷗外・夏目漱石らによって創られ、根づいていった。また「自然・科学・哲学」や「愛・恋愛・美・存在・彼・彼女」などがいかに成立してきたか、ギリシャ・ローマ的概念やキリスト教的価値をいかに日本語にしていったかの研究も進んできた（丸山真男・加藤周一『翻訳と日本の近代』、柳父章『翻訳語成立事情』など）。

一方、民権運動や近代化が進んでも、根本的には手が付けられなかった領域も少なくない。政治を進める際の〝暴力の行使と評価〟も長らく曖昧だった。西南戦争後も暴力での政権打倒の方針は潜在したし、近代日本の暴力政治に関しては前に触れたエイコ・M・シナワの『悪党・ヤクザ・ナショナリスト』、藤野裕子の『民衆暴力』などが深く抉っている。後に昭和になって、財閥と結託して汚職を繰り返す政友会・民政党の議員たちに対して、若手軍人や民間右翼によるテロや暗殺が横行した。国民もこうした暴力を〝義挙〟と称えたことも政治的暴力が絶えない一因だった。昭和天皇が右派思想家や軍部によるクーデターを怖れていたことが、『昭和天皇独白録』などに記されている。

同時に明治憲法は女性や外国人、社会的少数派への人権に対する視点が希薄で、家族制度はじめ多くの差別構造も残っていた。日本のナショナリズムは「シティズンに向かうよりネイションに向かう」ポテンシャルが高かったとも指摘される（三谷博）。

どうして民主主義が根付かなかったのでしょうね？

少し話はそれるが、列強との世界史的せめぎあいの中で、昭和にさしかかると軍部や右翼が急速に政治を支配し、政党や政府のコントロールが効かなくなっていったのは数多くの記録の通りだ。満州事変前後からは天皇の権力さえ及ばなくなっていく様子は『昭和天皇独白録』などにもあるが、近年、平成天皇（現明仁上皇）が歴史家・半藤一利、保坂正康の数年にわたるインタビューに興味深いことを語っている。

二〇一三年（平成二十五年）に御所の応接室で行われた平成天皇夫妻との懇談で、いきなり保坂に「日本にはどうして民主主義が根付かなかったのでしょうね」と思いもよらぬ質問があったという。二人がまごついた後で、美智子妃が話を切り替えてくれて、話題が子どものころの教科書のことになった。ちなみに半藤は昭和五年（一九三〇年）生まれ。平成天皇は昭和八年生まれで三歳下で、美智子妃は昭和九年だという。平成天皇の民主主義に対する感覚や、〝絶対天皇〟イメージと戦時の〝現実天皇〟のズレがリアルなので引用したい。

半藤さんが「いやあ、あの頃はひどい教科書でした」と嘆息すると、陛下も美智子さまもはっきりうなずかれた。私は戦後に学んだ世代だったので黙していたが、半藤さんはこう言った。「陛下のお立場からは言いにくいことかもしれませんが、今ではちょっと考えられないくらい強引な教科書でした」。するとさまはこうおっしゃった。「私も同じ教科書でした。極端な内容の教科書でしたね」。率直なのに驚いて陛下のほうを見ると、「私もあの教科書で勉強していたんですよ」と話される。（中略）陛下もまた「ススメ　ススメ　ヘイタイ　ススメ」「ヒノマル　ノ　ハタ　バンザイ　バンザイ」とか、「この国を神生みたまい、この国を　神しろしめし、この国を　神まもります」といった内容の国定教科書で勉強していたのかと思うと感慨を覚えないわけにはいかなかった（保坂正康「平成の天皇皇后両陛下大いに語る」『文藝春秋』二〇一三年一月）。

この後満州事変や石原莞爾の責任、田中義一首相が「満蒙侵略戦略」を具体的に示して昭和天皇に極秘に送った「田中メモ」は誰が書いたか、など機微にわたるやりとりがあったと保坂は語っている。

敗戦直後、エリザベス・J・G・バイニング夫人が家庭教師に送り込まれ、皇太子・明仁の人権感覚・社会観などに影響を与えたことは知っていた。しかし保坂と同じように、僕も天皇が「どうして民主主義が根付かなかったのか？」という質問をするとは思ってもいなかった。失礼なことだった。これからも「現在、民主主義はどこまで根付いているのか？」と、問い続けていかなくてはならないと思う。

aibo： そもそも「近代国家、国民国家」が成立するためには、国土の統一はもちろん、「ナショナリズムや国民意識」の覚醒とか、道徳的な価値観の統一が前提だよな。

masa：欧米で言えばキリスト教的世界観が、国家統一に共通する価値観になった例が多いね。ただキリスト教とはいっても歴史が長いから、別の宗教みたいに多様化してるけどね。今、国民国家を必死で創ろうとしている「ロシア・ウクライナ問題」の背景にも、そういう葛藤が垣間見えるね。

aibo：ところで天皇制を包んでいる「神道」は宗教なのかな？

masa：「神道」は本来、神話やら八百万の神、自然現象に対する祖霊崇拝的な民族宗教だけどさ、現実には仏教も民間信仰も〝ごった煮〟にした天皇家の宗教的な習俗やろ。天皇そのものが、戦前は国会も軍隊も統率する政治的な「現人神」になってしまったけど、これをギロンするには、幾晩もかかるね。

aibo：それに元々日本人は、狭いところに大勢住んでいたからか、あんまりケンカしないというか、〝空気を読む〟〝水に流してこだわらない〟というような風土が非常に強いよね。ほとんどの日本人はこの〝空気文化、同調圧力〟を媒介にした〝同調教〟の信者じゃないの？　後から儒教なんかもやってきて、世間の序列も作り出したけどね。

masa：その一方で、隈板内閣の仲間割れみたいな〝内紛文化〟も根強いね。民主党政権の崩壊も、隈板内閣の相似形に見えるね。あれは何でかな？

aibo：しっかり議論を尽くさないですぐ同調するから、崩壊が早いんじゃないかな。本来、公議・公論を尽くす民主主義や合意形成って、かなり手間ヒマがかかるシステムだろうけどな。

『鉱毒に消えた谷中村』が問いかけたこと

さてわがルーツを手掛かりにした自由民権探訪に戻りたい。足尾鉱毒事件の〝語り〟は、長らく〝田中正造信仰〟の様相を呈していた。しかし「新しい歴史学」に倣っていえば、近年次第に「新しい田中正造研究」「新しい谷中論」が生まれてきたことは、前章で触れた通りだ。前述したように、『下野新聞』など地元ジャーナリズムや、毎日新聞記者・塙和也『鉱毒に消えた谷中村―田中正造と足尾鉱毒事件の一〇〇年』、読売新聞宇都宮支局の『伝える正造魂』、朝日新聞宇都宮支局の『新・田中正造伝』などのシリーズ記事が発掘した事実も少なくない。僕は『鉱毒に消えた谷中村』の解説を頼まれてこう評した。

この本が〈谷中村ジャーナリズム〉における一つの画期だと考えるのは、これまでの定型的な谷中村報道のイメージから、私たちの空間的・時間的視野を大きく広げて、現在の視点と問題意識によって再考させてくれるという意味だ。従来の谷中村滅亡史や足尾鉱毒事件史に関する通説を基本的に押さえ、栃木県メディアや渡良瀬川流域メディア定番の「谷中村もの」「田中正造顕彰もの」への敬意を十分はらっている。しかし、この本は歴史教科書や常識的な通説にとどまらず、現在も〈谷中村を生き続けている〉さまざまな人たちの表情や思いをていねいに発掘・紹介しつつ、多様な課題や新しい見方を提起して、〈未だに解決して

いない谷中村問題〉を現代的に位置づけ直しているのではないか。（中略）

これまで知られてきた研究者や運動家だけでなく、田中正造の子孫・栄さん、古河機械金属（旧古河鉱業）吉野社長、宮内庁の福井研究官や多くの離散村民の末裔たちに取材して、興味深い証言を引き出すことに成功している。こうした粘り強い取材によって、「正義派」対「売村派（買収派）」という〝田中正造的史観〟やイデオロギーに囚われた予定調和的な谷中村像、加害者／被害者の二者択一的な史観・通説だけでは、現在進行形の谷中村問題や環境問題を捉えきれないことを示している。

さらに「国も加害企業も責任から逃れ、カネで幕引きを図ろうとする手法は谷中村から始まった」とする筆者は、論理の必然として、水俣病、新潟水俣病、ハンセン病、はてはフィリピンの事例までを含めて追跡しようとする。現代社会の公害・環境の基本問題として、未解決の環境問題に対する発想の転換、今風に言えばSDGsへの転換を求めているのだ。さらに見捨てられた無数の谷中村村民や流域住民の末裔たち、市場主義と開発政治に踏み潰されてきた人たちへのオマージュに留まるのではなく、一歩でも問題の本質的な解決に向かって考え続けることが、著者と読者の共通の義務だと指摘する。

つまり、谷中村研究や足尾鉱毒問題が「正義と悪」の二元論を堂々巡りしている限り、現在未来の問題解決にはならないのだ。

〝裏切り者〟左部彦次郎の生涯をめぐって

さらに二〇二〇年（令和二年）には、〝衝撃的〟な評伝、安在邦夫著『左部《さとり》彦次郎の生涯　足尾銅山鉱被害民に寄り添って』（随想舎）が出版された。左部彦次郎こそは、長らく足尾鉱毒事件と谷中村問題の〝タブー〟の中心人物だったからだ。上州沼田の名家に育った左部彦次郎（慶応三年～大正十五年・一八六七年～一九二六年）は、東京専門学校（現・早稲田大学）を卒業するや、足尾鉱毒の被害地に入り、生涯を被害民救済のため捧げた。当初は正造の忠実で有能な秘書を務めるが、谷中村廃村と遊水地計画が強行され、行政・官憲と村民の対立が激化する中で、あくまで抵抗を呼びかける正造から離れて、県庁の土木吏員になって、少しでも土地の買い上げを有利に進めるなど、現実的な村民救済に奔走した。吏員になったことで正造からは〝裏切者、今悪魔〟とまで呼ばれて、長い間そうしたイデオロギー的な評価が流布して、彦次郎に触れることはタブー視されてきた。

彦次郎の娘・大場美夜子は『残照の中で』を書いて父の実像を語ってきたことや、彦次郎と正造の深い絆のことを、僕は孫の松木弥栄子さんから聞いていた。〝左部彦次郎の名誉をし

左部彦次郎＝前列右２人目、正造＝３人目（松木弥栄子蔵）

たい〞と願っていた松木さんと励まし合ってきた僕は、この出版に本当に驚いた。またこの出版を機に、長年足尾鉱毒事件に取り組んできた菅井益郎氏（渡良瀬川研究会）、山口徹氏（田中正造記念館まなびや講座）、赤上剛氏（渡良瀬川研究会）らも交えたいくつものシンポジウムが開かれ、新しい視点からの見直しも始まったようだ。

「正造の行動のみを基準として、〝裏切りか否か〞評価する議論の立て方に問題があるのでは」といった指摘や、かつての鶴見俊輔らの転向論研究も参照されるなど、さまざまな立場・視点からの議論が深まってきた。新しい研究やデータによって、鉱毒事件・谷中村事件への多様な議論にも、富国強兵策の弊害や誤りに対しても、〝民党〞隈板内閣やひいては自由民権思想の研究にも新たな地平が開かれてくることを、僕だけでなく各地に散った三千人の村民の末裔たちは熱く期待している。

鉱毒被害者たちの「百年目の再会」

二〇一三年（平成二十五年）は田中正造没後百周年だった。十月十二〜十三日、正造の生地である佐野市を中心に、百年を記念して鉱毒事件の演劇や、パレード「未来への大行進」など、一連の大々的な行事が開かれた。岡部正英佐野市長を委員長とする「百年記念祭実行委員会」や「記念事業を進める会」が事務局となって、佐野市議会、市のＰＴＡ、観光協会、下野新聞社も協力した。単なる地域イベントではない。渡良瀬川流域の百年の思いを詰めこんで「押出し」を再現

田中正造没後100年記念行進

し、市民八百人が参加した。

　この行事に合わせて、「学ぶ会・東京」が、かねてから「鉱毒被害地から北海道サロマへの入植者の子孫を招いて、栃木県の関係者と交流しよう」という計画を進めてきた。何回か実際にサロマを訪れた「学ぶ会」は、佐呂間町役場や栃木地区の人たちと話し合ってきたのだという。イベントの前日、佐呂間町から七人がほんとうに佐野にやってきて、渡良瀬川遊水池や谷中村跡を見学した。

　栃木地区の人たちが自分のルーツを求めて渡良瀬川や谷中村跡を訪ね、〝故郷〟の人たちと交流する日が来るなんて、僕は考えたことがなかった。それまで〝騙された〟という自分の先祖たちの被害者意識を刷り込まれて、僕自身が思考停止し、二世・三世の人たちのことを考えずにいたのだった。急いで従兄・茂呂正俊と土産を買いこみ、訪問団のホテル「ルートイン藤岡」を訪ねた。正造研究者・赤上剛さん、元サロマ住民・今泉洋子さんも一緒に、佐呂間の人たちと食事しながら、あれもこれも三時間ほど話し込んだ。訪問団は役場の企画課長・武田温友さん、教育委員会の阿部真さん、栃木地区からは旧知の千葉清美さん、阿部信夫さん、遠藤豊さん、松浦晃さん、鈴木浩光さんの五人の酪農家だった。みんな一様に話す「祖先が関東の鉱毒事件の被害者だと考えたことがなかった」、「佐野へきて初めて実感した」との感想がとても印象的で、いつまでも話は尽きなかった。僕ら末裔たち同士の〝百年目の再会〟だった。

〝失われた歴史〟を取り戻すこと

翌十二日、記念祭式典などが行われた後、佐野市長・栃木県知事との懇談が予定されていた。はたして栃木県知事が、〝百年前の汚点〟に触れるような会に出席するのだろうか？　と、僕は半信半疑だった。もし知事が、百年前の報告書の誤りを謝罪したらどうすべきか？　許すべきか否か？　僕らは〝答え方〟に悩み、いろいろ議論した。

さまざまに仲介の労をとってくれた「学ぶ会」の人たちにも、知事との会談が栃木県のニセの報告書による「移住を正当化する」ことにならないよう、失礼ながら強く念を押した。会の春山知之さんはしっかり応えて『苦難のサロマベツ原野入植～足尾鉱毒被害民の入植から現在まで～』という詳しい冊子を作り、事前に県等に配布してくれた。

県とサロマ住民との懇談は、単なる儀礼ではなく中身の濃いものになった。県からは知事でなく教育長が出席して、幸か不幸か緊迫する場面はなかった。サロマの凶作や苦難に対して、下野新聞社が何回も義捐金や物資を送ったこと、栃木県知事もサロマを訪れたことがあるなど、僕らがあまり知らなかったことも話された。岡部市長は「今後、佐野市と佐呂間町が姉妹都市のように結ばれる」ことを提案し、参加者はみんな頷いた。僕は従兄・正俊と顔を見合わせた。そして正俊は「そうなれば近助の息子・蔵一郎（祖父）が一番喜んでくれると思う」と受け容れて、僕は胸がいっぱいだった。

かつて『谷中から来た人たち』を書いた小池喜孝に教えられたように、僕たちは一歩ずつ〝親たちの失われた歴史〟〝裏切り者〟の泥をはらい、誇りを取り戻してきたと自負していた。しかし、サロマ地区の人たちもまた、彼ら自身のルーツを訪ねる旅を開始し、先祖の栃木県を訪ねて僕たちとともに、さまざまな学び直しをしていくことになるとは想像もしていなかった。

末裔たちはそうやって生きて来たのだった。僕は自分たちだけが〝捨てられた鉱毒被害者の末裔〟ではないかと狭く思い込んでいたことに、深く恥じ入った。遅すぎはしたが、僕にとっての「新しい歴史学」の始まりかもしれない。〝自由民権という大義〟から遠く離れて、子孫は失われた歴史を取り戻しつつ粘菌のようにしたたかに生き抜いているのだ。

【主な参考文献】

平尾道雄『無形　板垣退助』高知新聞社、一九七四
高知市立自由民権記念館『板垣死すとも自由は死せず』、一九九四
高岡功太郎監修・板垣退助先生顕彰会編纂『板垣退助』、二〇一九
中元崇智『板垣退助　自由民権指導者の実像』中公新書、二〇二〇
教育奨励会編『岩田徳義翁小伝』、一九一八
若井正『自由民権義士　岩田徳義』風媒社、二〇二二
長谷川昇「加茂事件」堀江英一・遠山茂樹編『自由民権期の研究第二巻』有斐閣、一九五九
長谷川昇『博徒と自由民権　名古屋事件始末記』平凡社、一九九五
坪内高国『本国加州 富樫庶流坪内家一統系図並由緒』各務原市
高橋直子「坪内高国〜自分さがしの旅〜」『坪内由緒Ⅱ』解説
鈴木由紀子『女性たちの明治維新』ＮＨＫブックス、二〇一〇
エイコ・Ｍ・シナワ『悪党・ヤクザ・ナショナリスト　近代日本の暴力政治』朝日新聞出版、二〇二〇
藤野裕子『民衆暴力　一揆・暴動・虐殺の日本近代』中公新書、二〇二〇
川上音二郎・貞奴『自伝 音二郎・貞奴』三一書房、一九八四
山口玲子『女優貞奴』新潮社、一九八二
井上精三『川上音二郎の生涯』葦書房、一九八五
井上理恵『川上音二郎と貞奴 Ⅰ〜Ⅲ』、二〇一五〜二〇一八
森田雅子『貞奴物語 禁じられた演劇』、二〇〇九
田中美恵子「川上貞奴の演劇活動〜先駆者としての試み〜」『国際基督教大学リポジトリ』、二〇一九
扇田昭彦『日本の現代演劇』岩波新書、一九九五

島田宗三『田中正造翁余禄』三一書房、一九七二
田村紀雄『渡良瀬の思想史　住民運動の原型と展開』風媒社、一九七七
小池喜孝『谷中から来た人たち　足尾鉱毒移民と田中正造』新人物往来社、一九七二
東海林吉郎・菅井益郎『新版　通史・足尾鉱毒事件一八七七～一九八四』世織書房、二〇一四
栃木部落史編集委員会『栃木のあゆみ 栃木開基開校七十周年記念』佐呂間町栃木団体、一九八二
飯村廣壽「谷中村と渡良瀬遊水地」『足尾鉱山跡調査報告書八』渡良瀬遊水地アクリメーション振興財団、二〇一八
塙和也『鉱毒に消えた谷中村』毎日新聞社宇都宮支局、二〇〇八
安在邦夫『左部彦次郎の生涯　足尾銅山鉱被害民に寄り添って』随想舎、二〇二〇
内藤正中『自由民権運動の研究』青木書店、一九六四
色川大吉『自由民権』岩波新書、一九八一
網野善彦『日本の歴史を読みなおす』ちくま学芸文庫、二〇〇五
牧原憲夫『民権と憲法　シリーズ日本近現代史②』岩波新書、二〇〇六
安在邦夫『自由民権運動史への招待』吉田書店、二〇一二
松沢裕作『自由民権運動　〈デモクラシー〉の夢と挫折』岩波新書、二〇一六
三谷博『愛国・革命・民主　日本史から世界を考える』筑摩選書、二〇一三
三谷博『維新史再考　公議・王政から集権・脱身分化へ』ＮＨＫ出版、二〇一七
新井勝紘『五日市憲法』岩波新書、二〇一八
三浦進『新・明治の革命』同時代社、二〇一八
『各務原市史』
『美濃加茂市史』
『岐阜県教育史』
『自由党史』

あとがき

歳を重ねてくると、若い頃は全く関心がなかった〈歴史〉という時空に、少なからぬ人が関心を示し始めるようだ。僕の場合は、職業生活の前半は報道番組の制作に追われ、視野も極めて限られていた。後半は大学で、世界のメディア史や放送の多様な実態、市民主体の公共性を問い直す機会に恵まれ、恥ずかしいことながら五十歳も過ぎてから〈歴史的な関心〉が広がってきた。各地の市民メディアや海外各地のフィールド調査を繰り返し、また共に過ごす学生の視点からも世界を眺めることができて、メディアを含む日本の社会システムや社会常識と、世界の問題意識が大きく隔絶していることを何度も痛感した。

近現代史をあまり教えられていないせいか、僕自身を含めた日本人は、自らがどんな歴史的・文化的な位置にいるかの自覚が浅いと感じることがしばしばある。国際比較すると、日本の若い世代はずば抜けて自己肯定感やアイデンティティが低い。それは若者の責任ではない。長い間大人や指導者たちが、歴史的・文化的な学習や自己認識を避けて、未来への構想や言葉を失ったまま右往左往してきたからだろう。

遅まきながら自分史の中の〝失われてきた環〟であり、自身の中に積み重なっているはずの歴史を、自分の眼で探ってみよう、日本の民主主義や国民性はどう成立してきたのかを考えようと思い至った。コロナが世界を席捲し始めて、近代・国家・文明などが問い直され始めたことも大きな動機になった。まずは近代立憲国家へ導いた自由民権運動を学ぼうと、近隣を訪ね歩き、三年ほど地元の同人誌『追伸』に書き継いできた「美濃の自由民権を訪ねて」というエッセイをまとめたのがこの小論である。

長年にわたる職業世界で染みついた〝キレイゴト〟の記述癖から、どうやって離れられるかが真剣な課題だった。書いたように、「地元・東海の自由民権史」、「自分の家族史」、半ば趣味の「近代演劇・女優誕生史」の三つの「主観的世界」を手掛かりとして、自分なりの自由民権運動像の輪郭を摑もうと試みた。また先行研究だけにとらわれず、できるだけ現地へ行き、歴史的当事者にかかわりの深い人に直接会って耳を傾けた。それはかつての番組取材で身についたものだったし、とても刺激的で得るものも多かった。

また凡例で書いたように「masa と aibo」の「緊張しながらも崩した対話」の形で、構成された文章や意図的な文脈からは零れ落ちる、さまざまな素朴な疑問も挟み込んで、日本の近代社会の多面的なイメージを描きたいと願った。それによって現在に至るもタブーの匂いが強い天皇制、政治的暴力、幾重ものジェンダーギャップへも、多少は踏み込んでみようとした。特に近代天皇制の成立をふくむ日本の精神的・習慣的・制度的な核心は何だろうか、自分自身や身近な生活の中にある天皇制や宗教性について、繰り返し考えざるをえなかった。

歴史学にはずぶの素人である僕に〝歴史学入門〟を導いてくれたのは、『谷中から来た人たち　足尾鉱毒移民と田中正造』『鎖塚　自由民権と囚人労働の記録』『平民社農場の人びと』など一連の、庶民の近現代史を発掘してこられた小池喜孝さんの〈民衆史〉という視点・方法である。引用したように「自由民権の運動家で、不屈さを示した人物に共通しているものは、理論の高さとか、指導力の強さとかでなく、民衆に対する誠実さであった。そして今までの日本近代史は、その民衆に誠実だった人物と、民衆そのものを欠落させてきた」という彼の考え方と方法は、殖産興業・富国強兵の近代国家主義に踏みつぶされてきた近代の日本人を、僕なりにとらえ直し、生活者自身による歴史把握を考える上での灯台の一つになった。また学生時代に学んだ西洋史学の富岡次郎先生、メディアや住民運動研究を導いていただいた田村紀雄先生にも、旧い言葉だが深い学恩を感じている。人生の終焉に近い時期の、ちっぽけなこの作業を通して、やっと〝歴史はどのように書かれてきたのか、あるいは書かれてこなかったのか〟〝自分がどこから来た何者なのか〟を摑む手掛かりを得たように感じられて、密かにうれしい。

実際の取材・執筆の過程では、本文や参考文献に記した方々以外の多くの論考に支えられご協力をいただいた。また詳細は省かせていただくが、板垣退助関連では土佐の公文豪氏や岐阜板垣会の板垣国和氏、東海の近代史では若井正氏、丸山幸太郎氏、可児光生氏、坪内一統の歴史について坪内健司氏、小島秀俊氏、川上音二郎・貞奴に関しては藤田敦子氏、金光順子氏、藤本尚子氏、清水友美氏、足尾鉱毒事件関連では渡良瀬川研究会・谷中村の遺跡を守る会・田中正造大学などの数多くの実践的研究者をはじめ、谷中村研究の久野俊彦氏、まなびや講座・山口徹氏、小口一郎作品の転載を快諾していただいた篠崎清次氏、身近な研究仲間である松木弥栄子氏、茂呂正俊氏、山崎信喜氏、各地の社会教育担当の方々にも懇切なご指導、ご協力をいただいた。改めて御礼申し上げます。メディア関連では「市民メディア運動」の仲間たちや、それぞれの持ち場で頑張っている長年の同志たちの励ましにも感謝したい。

出版に当たっては『追伸』からの転載を快諾していただいた同人のみなさん、現代書館・菊地泰博氏にも深く感謝申し上げます。菊地さんには僕の若いころから青臭い議論に本気で付き合っていただき、『テレビジャーナリズムの現在　市民との共生は可能か』、『ドキュメント「みなさまのＮＨＫ」公共放送の原点から』なども世に出していただいた。またいつも僕の分かりにくい素稿を読まされる被害者であり戦友である妻・直美にも感謝しなくてはならない。

状況を切り拓いてきた多くの先達の無数の試行錯誤に深い敬意を表するとともに、今も隙あらば言論やメディアを支配しようとするさまざまな権力に対し、ぬかるみで闘い続けている多くの仲間やみんなに、その努力が少しでも実ることを心から願ってこの小書を贈りたい。

津田正夫（つだ・まさお）

一九四三年、石川県金沢市生まれ。京都大学経済学部卒。六六年ＮＨＫ入局。アナウンサー、ディレクター、プロデューサーとして主に報道番組の制作・開発に携わる。九五年～二〇〇二年東邦短期大学経営情報科教授、二〇〇二年～二〇一二年立命館大学産業社会学部教授。世界のパブリック・アクセス制度の調査と紹介に努める。「市民とメディア研究会・あくせす」「市民メディア全国交流集会」、京都「メディアフォーラム」、岐阜「てにておラジオ」などを拠点に市民主体のメディア制度の研究・実践に取り組む。

主な著書に『ネット時代のパブリック・アクセス』（共編著、世界思想社）、『メディア・ルネサンス』（共編著、風媒社）、『谷中村村長 茂呂近助』（共編著、随想舎）、『ドキュメント「みなさまのＮＨＫ」公共放送の原点から』（単著、現代書館）などがある。

百姓《ひゃくしょう》・町人《ちょうにん》・芸人《げいにん》の明治《めいじ》革命《かくめい》
――自由民権《じゆうみんけん》150年《ねん》

二〇二三年六月十五日　第一版第一刷発行

著　者　津田正夫
発行者　菊地泰博
発行所　株式会社現代書館
東京都千代田区飯田橋三―二―五
郵便番号　102-0072
電　話　03（3221）1321
ＦＡＸ　03（3262）5906
振　替　00120-3-83725
組　版　具羅夢
印刷所　平河工業社（本文）
東光印刷所（カバー）
製本所　積信堂
装　幀　伊藤滋章

校正協力・高梨恵一
 ISBN978-4-7684-5940-9
定価はカバーに表示してあります。乱丁・落丁本はおとりかえいたします。
http://www.gendaishokan.co.jp/

活字で利用できない方のための
テキストデータ請求券
『百姓・町人・芸人の明治革命』